LA VIE PRIVÉE

D'AUTREFOIS.

LA VIE PRIVÉE D'AUTREFOIS

PARIS. TYP. E. PLON, NOURRIT ET Cie, 8, RUE GARANCIÈRE. — 800.

LA VIE PRIVÉE

D'AUTREFOIS

ARTS ET MÉTIERS

MODES, MŒURS, USAGES DES PARISIENS

DU XIIe AU XVIIIe SIÈCLE

D'APRÈS DES DOCUMENTS ORIGINAUX OU INÉDITS

PAR

ALFRED FRANKLIN

LES MAGASINS DE NOUVEAUTÉS

***

LABOR · IMPROBVS · H·P · OMNIA VINCIT

PARIS

LIBRAIRIE PLON

E. PLON, NOURRIT et Cie, IMPRIMEURS-ÉDITEURS

RUE GARANCIÈRE, 10

1896

TABLE DES SOMMAIRES

TEINTURERIE ET DEUIL

I

LE TREIZIÈME ET LE QUATORZIÈME SIÈCLES.

a

II

LE QUINZIÈME SIÈCLE.

III

LA BIÈVRE ET LES GOBELINS.

IV

LE SEIZIÈME SIÈCLE.

V

LE DIX-SEPTIÈME SIÈCLE.

VI

LE DIX-HUITIÈME SIÈCLE.

CHAPELLERIE ET MODES

I

II

III

LA BONNETERIE

I

II

III

IV

LA
VIE PRIVÉE D'AUTREFOIS

LES MAGASINS DE NOUVEAUTÉS

TEINTURERIE ET DEUIL. — CHAPELLERIE ET MODES
LA BONNETERIE

TEINTURERIE ET DEUIL

I

LE TREIZIÈME ET LE QUATORZIÈME SIÈCLES

Les ouvriers teinturiers au treizième siècle. — Organisation de leur communauté : Conditions pour s'établir. Le hauban. Les jurés. — Privilège des drapiers relativement à la teinture. — Nombre des teinturiers au treizième siècle. — Couleurs employées durant le treizième et le quatorzième siècles. — Préférence des Gaulois pour le bleu. — La guède ou pastel. La couleur pers. — Le pays de Cocagne. — Les couleurs de Paris. — Étienne Marcel et le Dauphin. — Les couleurs nationales. — Les couleurs de Charles V et celles de Charles VI. — L'inde ou ynde. — La nuance paonace. — L'écarlate. — Les tissus de graine et de migraine. — Variétés de l'écarlate. — Le pourpre. — Sens du mot cramoisi. — Le brésil. — Le jaune, couleur des traîtres. — La rouelle des juifs. — Le

Il n'existe pas de métier qui n'ait ses petits
inconvénients. Le plus ancien document que
nous possédions sur l'histoire des teinturiers
Parisiens nous révèle précisément un des
fâcheux effets produits par l'emploi des matières colorantes. Ils avaient, nous dit-on,
les ongles teints tantôt en rouge, tantôt
en noir, tantôt en bleu, de sorte que les
jolies femmes restaient insensibles à leurs
hommages, et ne les aimaient qu'à beaux
deniers comptants : « Ungues habent pictos,
quorum quidam sunt rubei, quidam nigri,
quidam blodii, et ideo contempnuntur a mu-
lieribus formosis, nisi gratia numismatis acci-
piantur [1]. » Ceci était écrit, au milieu du
treizième siècle, par Jean de Garlande, un

---

[1] Joannes de Garlandia, *Dictionarius*, édit. A. Scheler,
p. 30.

aimable pédagogue qui, comme on le voit, initiait ses élèves à l'étude du cœur humain en même temps qu'à celle du latin..

Pour se consoler sans doute des dédains immérités dont ils étaient l'objet, les teinturiers assurèrent de bonne heure à leur corporation une organisation régulière. Dès 1268, ils soumirent leurs statuts à l'homologation du prévôt Étienne Boileau [1].

Le métier était libre. Chacun avait donc le droit de s'établir sans rien payer, à condition qu'il fût jugé bon ouvrier et qu'il possédât le capital nécessaire, « pour tant que il sache le mestier et il ait de quoi [2]. »

Chaque maître pouvait engager autant d'apprentis qu'il lui plaisait et régler à sa volonté les conditions de l'apprentissage. Mais, en 1287, ils s'enlevèrent eux-mêmes cette liberté. Le nombre des ouvriers étant devenu si considérable « que souventefoiz il en demouroit la moitié en la place, qui ne trovoient où gaagnier, » ils fixèrent à cinq ans au moins la durée de l'apprentissage [3].

---

[1] *Livre des métiers*, titre LIV. Sur cet ouvrage, voy. *Comment on devenait patron*, p. 11.

[2] Article 1.

[3] G.-B. Depping, *Ordonnances sur le commerce et les métiers au treizième siècle*, p. 402.

Le travail à la lumière était autorisé [1].

Le métier jouissait du droit de hauban [2], pour lequel chaque maître payait annuellement six sous au roi [3].

Deux jurés, « les quex li prevoz de Paris met et oste à sa volenté, » administraient la corporation et faisaient respecter ses statuts [4].

C'est à eux qu'étaient soumis les différends relatifs à la qualité des teintures. Les jurés examinaient avec soin le travail, et prononçaient en dernier ressort. S'ils donnaient raison au client, le teinturier négligent leur payait deux sous [5] pour leur peine; si, au contraire, ils déclaraient la teinture bonne, les deux sous étaient dus par le plaignant [6].

Les teinturiers formaient alors une seule corporation qui teignait le drap et la toile. Le coton était encore d'un emploi fort rare. Quant à la soie, en sa qualité de produit exotique, elle appartenait au commerce des merciers et était teinte par eux. Les teinturiers acceptaient

---

[1] Article 2.

[2] Sur le sens de ce mot, voy. *Les magasins de nouveautés*, t. II, p. 8.

[3] Articles 8 et 9.

[4] Article 4.

[5] Peut-être douze francs environ de notre monnaie.

[6] Article 5.

sans murmurer cette concurrence, aussi bien
que celle des chapeliers, autorisés à teindre
les chapeaux qu'ils fabriquaient. Mais c'est
avec une véritable indignation qu'ils s'élèvent
dans leurs statuts contre le privilège dont
jouissaient les drapiers de teindre eux-même
leurs draps, « la quele chose, disent les teinturiers, est contre Dieu et contre droit et
contre reison. Si plaisoit à la très débonière
excellence le Roy, » tout teinturier pourrait
être drapier, puisque tout drapier est teinturier ; ce qui, en somme, profiterait au roi,
dont les caisses recevraient bien deux cents
livres parisis de plus chaque année, car on
achèterait plus de laine et on ferait plus de
drap : « Et ensinc [1] la droiture le Roy [2] en
croistroit et vaudroit miex tous les ans de cc
lib. de parisis, quar on feroit touz les ans trop
plus de dras et vendroit et achateroit-on files
et laines et moult d'autres choses, des quex
li Rois auroit moult grant profit [3]. » Sa débonière excellence saint Louis paraît s'être peu
inquiété de cette querelle. En juin 1279 et en
1291 [4] le prévôt de Paris chercha à mettre

[1] Ainsi.
[2] La redevance payée au roi.
[3] Article 6.
[4] Depping, p. 401 et 402.

d'accord les deux parties ; il n'y réussit point,
et en fait la victoire resta aux drapiers.

Cette double tentative de conciliation est
donc surtout intéressante pour nous en ce
qu'elle fournit le nombre des teinturiers exer-
çant alors à Paris. En 1287, « le dimanche avant
Pasques flories, » 16 teinturiers comparurent
devant le prévôt. En 1291, « le dyemanche
devant les Brandons [1], » on en compta 20. La
Taille de 1292 en mentionne 17, dont 2 sont dits
« teinturiers de robes. » La *Taille de* 1300 en
cite 35. Enfin, au mois d'août 1391, les guerres et les troubles semblent avoir réduit à 6 le
nombre des maîtres teinturiers de Paris [2].

Le privilège que possédaient les drapiers de
teindre eux-mêmes leurs draps n'était pas
absolu, car deux maisons seulement avaient
le droit d'employer la teinture bleue produite
par la guède. Lorsque le maître d'une de ces
maisons mourait, son successeur était désigné
par le prévôt de Paris [3]

A la fin du douzième siècle, le costume fut
surtout caractérisé par la variété des couleurs ;

[1] Le premier dimanche de carême.
[2] Voy. une charte d'août 1391, publiée par J. Fagniez,
Études sur l'industrie, p. 344.
[3] *Livre des métiers*, titre L, art. 20.

on recherchait les tissus rayés où brillaient le
violet, le brun, la nuance fleur de pêcher, etc.
Ordinairement, les rayures étaient horizon-
tales, mais on trouve cités aussi des *rayés
chassis,* qui semblent avoir été des étoffes à
carreaux. Elles prenaient le nom d'*échiquetées*
quand les carreaux présentaient des couleurs
alternées, de *marbrées* quand la chaîne et la
trame étaient de couleurs différentes. Les drapiers, dit Jean de Garlande, vendaient surtout
des draps blancs, noirs, bleus, bruns, verts,
écarlates et rayés [1].

On voit que l'art du teinturier était déjà
fort avancé. La plupart des substances employées arrivaient de l'Inde par l'Égypte, et
les merciers se chargeaient de les apporter à
Paris [2]. Quant aux procédés de composition,
ils se transmettaient par tradition, d'ouvriers
en ouvriers, comme cela avait lieu pour tous
les corps d'état; il ne faut donc les demander
ni aux statuts, qui restent muets sur ce point,
ni aux ouvrages contemporains.

Je relève les couleurs suivantes dans le

---

[1] « Pannarii, nimia cupiditate, fallaces vendunt pannos
albos et nigros, camelinos, et blodios et burneticos, virides,
scarlaticos, radiatos. » Édit. Scheler, p. 27.

[2] *Les magasins de nouveautés,* t. I, introduction.

compte des riches étoffes [1] fournies à Philippe
le Long par son argentier Geoffroi de Fleuri
en 1316, et à Philippe VI en 1342 par le mercier Édouart Tadelin [2] :

Ardant.	Écarlate paonace.
Azur.	— violette.
Blanc.	— morée.
Brun [3].	— blanche.
Brussequin [4].	Encre [6].
Cendré [5].	Fleur de pêcher [7].
Changeant.	Gris.
Écarlate vermeille.	Impérial.
— rosée.	Jaune.
— claire.	Marbré brun.
— sanguine.	— vermeil.

[1] « Draps, veluiaux, taphetas, cendeaux, satins, etc. »

[2] Dans Douët-d'Arcq, *Nouveaux comptes de l'argenterie,*
p. 1, 20 et suiv. — J'ai extrait aussi quelques mentions de
l'inventaire des meubles de Clémence de Hongrie, veuve de
Louis X, qui fut dressé en 1328.

[3] Depuis le jour où il entreprit sa première croisade, saint
Louis bannit de ses vêtements le vert, l'écarlate et autres
couleurs voyantes, et ne voulut plus porter que du brun.

[4] Nuance tenant du brun et du bronzé. Dans sa composition entrait l'écorce de noyer.

[5] Encendré ou cendrin. La reine Marie de Brabant donna
à Philippe le Long en 1316 « une robe de cendré. » (*Compte
de Geoffroi de Fleuri,* p. 10.)

[6] On écrivait souvent *enque, anque.*

[7] Nuance qui fut fort à la mode surtout au commence-
cement du quatorzième siècle. En 1316, on acheta à la dra-
pière Y. de Tremblay « deux aunes de [drap] fleur de pes-
chier » pour le roi. (*Compte de Fleuri,* p. 5.)

Marbré violet.   Vermeil.
Noir.   Vert.
Paonace.   — brun.
Pers.   — claret.
Pourpre.   — gai.
Rosé.   — jaune.
Rouge.   Violet.
Souci.   Ynde.
Tanné.

L'inventaire des biens de Charles V, dressé
en 1380, permet d'ajouter à cette liste quelques mentions :

Argenté.   Moisi [3].
Azuré changeant sur le   Outremer cendré.
  vermeil.   Ploncquié [4].
Changeant de vert à   Vert azuré.
  bleu [1].   — ondoyant.
Cramoisi.   — d'outremer.
Cuir d'abbaye [2].   Violet girofle [5].

Plusieurs des mots compris dans ces deux
listes exigent une explication. On voudra bien

[1] « Item, une autre robe de drap de couleur changeant
de vert à bleu. » Nº 3,512.

[2] « Item, une autre seinture sur ung tissu de soye de
couleur de cuir d'abbaye. » Nº 91. Voy. aussi le nº 97.

[3] Couleur de rouille.

[4] Plonquié ou plonqué, couleur de plomb ; sans doute ce
que nous nommons aujourd'hui vieil argent. « Item, une
grosse pierre ronde, environnée d'un pou (peu) d'argent qui
a une couleur plonquée. » Nº 2,904. Voy. aussi le nº 1,118.

[5] « Un drap de violet girofle. » Nº 1,119.

m'excuser si, pour la rendre plus complète, je dépasse parfois les limites du quatorzième siècle.

Il est assez difficile de se reconnaître au milieu des diverses variétés de BLEU dont les historiens nous ont conservé les noms. Les habitants de la Gaule septentrionale eurent de très bonne heure une véritable passion pour cette couleur. Jusqu'au troisième siècle, ils se teignaient le corps en bleu, au moyen du pastel. Les hommes croyaient se donner ainsi un air plus terrible, les femmes y étaient astreintes pour la célébration de certaines fêtes religieuses. Dans la suite, les élégants de la Cour de Charlemagne revêtaient volontiers des manteaux gris ou bleus[1], et cet engouement avait reparu au treizième siècle, puisque les statuts des teinturiers débutent ainsi : « Quiconques veult estre teinturiers de guesde ou de toutes autres couleurs... [2] »

La plante nommée guède ou pastel[3] fournissait la couleur dite *pers*. En général, on admet que ce mot désignait un bleu très foncé ; mais si l'on y regarde de près, le doute est

---

[1] J. Quicherat, *Histoire du costume*, p. 9 et 108.
[2] *Livre des métiers*, titre LIV, art. 1.
[3] Isatis tinctoria.

autorisé. D'abord, s'il y avait du *pers noir* [1],
il y avait aussi du *pers azuré* et du *pers clair* [2].
On trouve ces derniers cités en 1352, dans les
comptes d'Étienne de la Fontaine, argentier
du roi Jean. M. Douët-d'Arcq, qui les a publiés,
n'en traduisit pas moins le mot pers par *bleu
foncé*. Il s'en repentit d'ailleurs ; car dans un
ouvrage imprimé vingt-trois ans après, il
inséra une note ainsi conçue : « Drap pers,
drap de couleur vert de mer [3]. » Cette opinion
n'a été émise que par lui.

Au milieu du quinzième siècle, un traité
du blason nous apprend que « le pers est une
couleur qui approche fort du bleu, mais est
de plus clère matière [4]. » Henri Étienne dé-
clare que « en mars croist la belle violette, de
couleur céleste, d'azur et de pers [5]. » La définition donnée par le *Dictionnaire de Trévoux* [6] manque assez de précision pour pou-

---

[1] Lettre de rémission de 1386. Dans Ducange, *Glossaire*,
au mot *persus*.

[2] « A Jehan Perceval, drapier, pour cinq aunes d'un
pers cler... Audit Perceval, pour huit aunes d'un pers
azuré... » *Compte d'Étienne de la Fontaine*, p. 149 et 154.

[3] *Nouveaux comptes de l'argenterie des rois de France*,
p. 72.

[4] *Le blason des couleurs*, p. 88. Voy. ci-dessous, p. 33.

[5] *Apologie pour Hérodote*, édit. Ristelhuber, t. II, p. 281

[6] Édit. de 1771, t. VI, p. 698.

voir contenter tout le monde : « Pers. Qui est
de couleur bleue ou tirant sur le bleu, azur
couvert et obscur qu'on prétend être venu de
Perse. » M. de Laborde y reconnaît le *noir
bleu*; il cite même une ordonnance de police
rendue en 1533, et qui mentionne des « draps
pers et autres accoustumés estre tendus ès
mortuaires [1]. » En effet, je trouve ailleurs que,
dès le quinzième siècle, l'on tendait « de pers
en la maison d'ung trespassé [2]. » Enfin, pour
M. Quicherat, le pers était « un bleu intense [3], » et pour l'Académie, c'est une « couleur entre le vert et le bleu [4]. »

Le pays par excellence de la production de
la guède était le Languedoc. Sa culture y constituait une des richesses de la province, et
pour désigner un homme opulent, on le com-
parait à un marchand de guède, on disait de
lui qu'il était *bien guédé*. Si vous ajoutez à
cela que l'on nommait *coqs* ou *cocagnes* les
petits pains de pastel destinés à être pulvéri-
sés, vous ne serez pas étonnés d'apprendre
que l'opinion générale plaçait dans le Langue-

---

[1] *Notice des émaux*, p. 438.
[2] *Blason des couleurs*, p. 111.
[3] *Histoire du costume*, p. 323.
[4] *Dictionnaire*, dernière édition (1879), t. II, p. 399.

doc le fabuleux pays de Cocagne. Le Laura-
guais plus particulièrement passait pour représenter cette contrée fameuse, où la nature
prodigue à tous ses trésors sans y être sollicitée
par le travail. Ce qu'il y a de plus sûr, c'est
que cette aimable conception date de loin,
car elle est mentionnée dans un fabliau de
la fin du treizième siècle, où on lit :

> Le païs a non Coquaigne,
> Qui plus i dort, plus i gaaigne [1].

Je rappelle qu'au quatorzième siècle, les
couleurs de Paris furent le rouge et le pers.
Ce sont celles qu'adopta Étienne Marcel, et il
les portait le jour [2] où il vint, jusque sous les
yeux du Dauphin, assassiner ses deux principaux conseillers. Comme l'enfant tremblait,
il lui mit sur la tête sa propre coiffure aux
couleurs de la ville, « luy bailla ledit prevost
son chapperon, qui estoit parti de rouge et de
pers, le pers à droite [3]. »

---

[1] Voy. Furetière, *Dictionnaire universel,* édit. de 1727,
au mot *Cocaigne.* — Savary, *Dictionnaire du commerce,*
édit. de 1723, t. I, p. 802, et t. II, p. 1,000. — Barbazan,
Fabliaux et contes, édit. de 1808, t. IV, p. 176.

[2] Le 22 février 1358.

[3] *Grandes chroniques de France,* édit. P. Paris, t. VI,
p. 87.

> Le régent [1] pour l'eure affula [2]
> Un chaperon de la livrée [3]
> De Paris, toute la journée,
> Qui estoit de rouge et de pers [4].

Le 12 juillet 1789, la foule, qui venait d'apprendre le renvoi de Necker, envahissait le Palais-Royal et cherchait un signe de ralliement. On proposa le vert, et aussitôt les arbres du jardin furent dépouillés de leurs feuilles. Mais on se souvint ensuite que le vert était la couleur du comte d'Artois. Il fallut donc en choisir une autre, et le comité des électeurs qui siégeait à l'hôtel de ville fit reprendre la cocarde rouge et bleue. Après la prise de la Bastille, Lafayette obtint que l'on y joindrait le blanc, couleur de la royauté [5] depuis l'avènement des Bourbons.

Aux termes du décret rendu le 28 pluviôse an II (16 février 1794), « le pavillon national

[1] Étienne Marcel, prévôt des marchands.
[2] Affubla, coiffa.
[3] Aux couleurs.
[4] E. Deschamps, *Le miroir de mariage*, édit. G. Raynaud, p. 369, vers 11,472 et suiv.
[5] Couleur de la France plutôt, car la livrée de Henri IV était tricolore : incarnat, blanc et bleu, couleurs que conservèrent tous ses successeurs jusques et y compris Louis-Philippe. (Voy. A. Jal, *Dictionnaire critique*, p. 439.) On sait que Napoléon Ier et Napoléon III choisirent le vert.

sera formé des trois couleurs nationales, disposées en trois bandes égales, posées vertica-
lement, de manière que le bleu soit attaché à
la gauche du pavillon, le blanc au milieu, et le
rouge flottant dans les airs [1]. » Pour être fidèle
à la tradition, c'est le rouge qui eût dû occu-
per la place de gauche, puisque nos chroniqueurs s'accordent à placer le pers à droite [2].

Coïncidence curieuse, les couleurs choisies
par Charles V, le petit Dauphin qu'avait coiffé
Étienne Marcel, furent précisément le rouge,
le blanc et le bleu. On les retrouve encore
aujourd'hui, encadrant les miniatures des beaux
manuscrits exécutés pour ce roi bibliophile [3],
dont les livres ont formé le premier fonds de
notre Bibliothèque nationale.

Charles VI fit choix d'une livrée plus compliquée, où se mélaient le blanc, le rouge, le
vert et le noir [4].

---

[1] Article 2 du décret.

[2] Dans la langue du blason, la partie gauche (*sénestre*)
est dite droite (*dextre*) par celui qui blasonne, parce qu'il a
alors à sa droite la gauche de l'écu. Mais, dans nos citations,
il n'est pas question d'écu, il s'agit d'abord d'un chaperon,
puis d'un drapeau.

[3] Voy. entre autres, à la bibliothèque Mazarine, le manuscrit coté 1,729.

[4] Douët-d'Arcq, *Pièces inédites relatives au règne de
Charles VI*, t. II, p. 396

Les mots *ynde* ou *inde* désignaient l'azur, le bleu de ciel : on est à peu près d'accord sur ce point. « Azur et inde n'est que ung, » dit le *Blason des couleurs* [1].. M. Douët-d'Arcq le définit pourtant d'autre manière : « bleu de la couleur du col et de la poitrine du paon [2]. »

· La nuance que nous trouvons nommée *paonace, paonnace, paonnée*, etc., représente un bleu violet rappelant la queue du paon. « Violaceus, purpureus, colorem caudæ pavonis, » dit Ducange [3].

L'*impérial* était un bleu éclatant [4].

Le kermès [5] produisait l'ÉCARLATE dont brillait déjà la robe portée par les membres du Parlement. Cet insecte, qui s'attache aux feuilles d'un chêne spécial [6], se vend desséché, et il a alors l'apparence d'une petite graine rouge ; aussi est-il presque toujours désigné sous le nom de *graine d'écarlate*. Ceci nous explique pourquoi nos anciens historiens citent sans cesse des tissus dits *en graine* [7] ou *en*

---

[1] Page 88.

[2] *Nouveaux comptes de l'argenterie*, p. 70.

[3] Au mot *paonacius*.

[4] Douët-d'Arcq, *Comptes de l'argenterie*, p. xix.

[5] Coccus ilicis.

[6] Quercus coccifera.

[7] « Deux houppelandes longues, de satin vermeil en graine, et deux petites jaquettes de velours vermeil en

migraine [1]. Les premiers avaient été teints en rouge au moyen du kermès seul ; pour les seconds, l'on n'avait employé qu'une moitié de kermès, mêlé à d'autres substances colorantes, et l'on avait obtenu ainsi la teinte violacée appelée *mi-graine* ou *migraine*. Je lis dans une ordonnance de 1362 : « Que nul ne vende drap pour escarlate, se il n'est tout pur de graine, sans autre mistion de tainture quelconque. Item, que nul ne vende migraine, se il n'y a la moitié graine [2]. »

Nous avons vu qu'il existait, outre l'écarlate vermeille, des écarlates rosée, sanguine, claire, paonace, violette, morée [3], et même blanche. On avait, en effet, fini par appliquer le nom d'écarlate à toute couleur que l'immersion dans un bain très peu intense de kermès douait d'un éclat particulier. Ainsi, dans le costume de Gargantua entrait du « veloux bleu tainct en graine [4]. »

graine... Deux aunes de satin vermeil en graine. » *Compte de Guill. Brunel, argentier de Charles VI,* année 1387, p. 121 et 142.

[1] « Les dames portoient chausses d'escarlate ou de migraine. » Rabelais, *Pantagruel,* liv. I, chap. LVI.

[2] Ordonnance de juillet 1362, confirmant celle du 23 avril 1309. Dans les *Ordonnances royales,* t. III, p. 585.

[3] C'est-à-dire noire.

[4] Livre I, chap. VIII.

Le POURPRE fut réservé d'abord à la famille impériale et, dès le Bas-Empire, le gouvernement en monopolisa la fabrication dans les deux manufactures de Narbonne et de Toulon[1]. Il y avait des pourpres bis, inde, vermeil, doré, noir[2].

Je trouve cité, dans l'*Inventaire de Charles V*, du velours vermeil CRAMOISI[3], et Rabelais nous fait savoir que les souliers de Gargantua étaient en velours bleu cramoisi[4]. Ce mot désignait alors le maximum d'intensité d'un ton quelconque, et pendant près de quatre siècles, il resta dans la langue avec un sens analogue. Il signifiait, au figuré, « entièrement, au suprême degré, au delà de ce qu'on peut imaginer. » Ainsi, quand Panurge et frère Jean sont pris de « fureur poétique, » ce dernier s'écrie : « Par saint Jean, je rithme-

---

[1] J. Quicherat, p. 57 et 64.

[2] Voy. Francisque Michel, *Notes sur le roman de la violette*, p. 169. Mais M. Fr. Michel se trompe quand il dit qu'il faut entendre par les mots écarlate et pourpre une étoffe et non une couleur ; tous les tissus étaient alors désignés très souvent par le nom de la teinture qui leur avait été donnée. Ainsi l'on disait : une robe de cendré, deux aunes de fleur de pêcher, deux aunes de pers. Voyez ci-dessus, p. 8 et 11.

[3] N° 3,475.

[4] Livre I, chap. VIII.

rai comme les autres ; attendez, et m'ayez
pour excusé si je ne rithme en cramoisi[1]. »
Le lexicographe Leroux écrivait encore au
milieu du dix-huitième siècle : « Ce mot est
fort à la mode à Paris, » et il avait le tort
d'ajouter : « Il ne vieillira jamais, parce qu'il
a une expression très forte. » Leroux prend
soin toutefois de nous avertir que l' « on ne
s'en sert jamais que pour donner un tour plaisant et ridicule à quelque chose. On ne le peut
joindre qu'à un mot de mépris ou d'injure,
comme fat, sot, ignorant, laid, stupide en cramoisi. Car de dire sage, prudent, savant, spi-
rituel et beau en cramoisi lorsqu'on parleroit
sérieusement d'une personne à qui on devroit
du respect, ce seroit la mépriser ou la tourner
en ridicule, ou passer soi-même pour tel,
faute de savoir la véritable application de ce
mot[2]. »

La couleur cramoisie était exclusivement
réservée aux princes et princesses de la maison de France. Toutefois, l'ordonnance du
15 février 1573 permit aux gentilshommes un
emploi modéré du cramoisi, réservant aux

[1] Rabelais, *Pantagruel*, liv. V, chap. XLVII.
[2] P.-J. Leroux, *Dictionnaire comique, satyrique, critique*, etc., édit. de 1750, p. 166.

princes et princesses les robes de cette couleur :
« Et afin qu'il demeure aux princes et princesses (comme il est très raisonnable) quelque
différence en leurs accoustremens, nous voulons et leur permettons porter en robe tous
draps de soye rouge cramoisi, sans que nuls
autres hommes ne femmes soient si osez et
hardis d'en porter, sinon les gentilshommes en
pourpoints et hauts de chausses et les dames
et damoiselles en cottes et en manches. » Les
ordonnances du 17 janvier 1563, du 25 mars
1567, etc., etc., sont plus sévères ; elles in-
terdisent absolument le cramoisi à tous autres
qu'aux membres de la famille royale [1].

On obtenait un rouge assez brillant, mais
sans durée, au moyen du brésil, un bois rouge
qui arrivait de l'Inde, de Ceylan surtout [2], par
la voie de l'Égypte [3], et qui a fini par donner
son nom au plus vaste état de l'Amérique du
Sud. En 1500, quand la partie septentrionale
de cette presqu'île fut découverte, on y trouva

---

[1] Voy. Guénois, *Conférence des ordonnances,* édit. de
1678, t. III, p. 270 et s. — Montaigne, *Essais,* liv. I,
chap. XLIII.

[2] Voy. les voyages de Marco Polo.

[3] Au treizième siècle, le brésil servait aussi à faire des
tablettes pour l'écriture et même des barils. Voy. le *Livre
des métiers,* titre XLVI, art. 7, et titre LXVIII, art. 14.

une immense quantité de bois ayant les mêmes
propriétés que le brésil. On en expédia aussitôt en Europe, et les commerçants appelèrent
pays du brésil la contrée d'où ils le recevaient.
Le navigateur Pedro Alvares Cabral, qui avait
le premier vu cette région, l'avait baptisée
terre de Santa-Cruz, mais les habitudes du
commerce ont prévalu.

La gaude [1] servait à peindre en JAUNE, couleur assez mal notée. Dès les premières années
du treizième siècle, l'Église voulut que les
juifs portassent un signe distinctif, de couleur
jaune safran ; injonction confirmée par une
ordonnance de saint Louis. Cette marque in-
famante consistait en deux rouelles, sortes de
cocardes en feutre ou en drap, qui avaient environ quatre doigts de diamètre, et qui étaient
cousues, l'une par devant, l'autre par derrière,
sur le vêtement de dessus : « unam rotam de
feutro seu panno croceo in superiori veste
consutam ante pectus et retro [2]. » Leur couleur fut parfois modifiée sous les règnes
suivants [3].

[1] Reseda luteola.
[2] Ordonnance du 19 juin 1269. Dans les *Ordonn. royales*,
t. I, p. 294.
[3] Voy. Ducange, au mot *judæi*, et Ulysse Robert, *Les
signes d'infamie au moyen âge*, chap. I.

Le jaune était la couleur attribuée aux maris trompés. C'était aussi celle des traîtres. Après la mort du fameux connétable de Bourbon [1], le Parlement ordonna que l'on teignît en jaune la porte de son hôtel, situé en face du Louvre. « C'estoit, dit Brantôme, la coustume des François, le temps passé et encor, que pour bien déclarer un homme traistre à son roy et à sa patrie, ilz lui paignoient ainsi le jaune à sa porte ; comme aussi ilz semoient dedans sa maison du sel, ainsin qu'on fit à celle du feu M. l'admiral de Chastillon [2]. » Cette coutume subsistait encore au milieu du dix-septième siècle. Lorsque le prince de Condé eut abandonné la France, en 1653, pour passer du côté de l'Espagne, un arrêt du Parlement le déclara coupable de haute trahison, le condamna à mort, et fit peindre en jaune la porte de l'hôtel qu'il possédait à Paris.

Le VERT resta pendant longtemps la couleur favorite des jeunes chevaliers [3]. Elle devint ensuite celle des fous de Cour [4]. On lit dans

[1] Mai 1527.
[2] Tome Ier, p. 288.
[3] Voy. La Curne de Sainte-Palaye, *Mémoires sur l'ancienne chevalerie*, p. 89.
[4] Henri Étienne, *Dialogues*, t. I, p. 237.

les comptes de Guillaume Brunel, argentier de Charles VI. Année 1387 :

A Jehan Mandole, peletier et varlet de chambre du Roy nostre sire, pour la fourreure d'une houppelande de drap vert et rouge, pour Haincelin Coq, fol du Roy, nostre dit seigneur...

A Simon de Lengres, peletier de madame la Royne, pour la fourreure d'une longue houppelande de drap vert et rouge, pour Coquinet, fol de mons. le duc de Thouraine [1]...

A lui, pour la fourreure d'un surcot de drap vert, pour dame Alips, nayne de la Royne...

A lui, pour la fourreure d'une longue houppelande de drap vert, pour Guillaume Foiret, fol de ladite madame la Royne... [2].

Le vert ayant été adopté par Catherine de Médicis, fut un instant à la mode au seizième siècle parmi les seigneurs les plus élégants[3]. Plus tard, l'on coiffa d'un bonnet vert les banqueroutiers et les débiteurs insolvables[4].

M. Quicherat se trompe quand il fait du TANNÉ la couleur saumon[5] ; c'était un fauve,

[1] Premier nom que porta le duc d'Orléans, frère de Charles VI.

[2] Douët-d'Arcq, *Nouveaux comptes de l'argenterie*, p. 247.

[3] Voy. *Les magasins de nouveautés*, t. I, p. 160.

[4] Voy. Boileau, satire I.

[5] Page 341.

un brun jaunâtre rappelant la nuance du tan.
« Fauve et tanné n'est que ung, » dit le
Blason des couleurs, qui cite des tannés blan-
châtres, rougeâtres, violets, obscurs et gris [1].

Le NOIR était déjà adopté par les Bénédictins,
dits *moines noirs*, par opposition aux Cis-
terciens appelés *moines blancs*. La règle de ces
derniers leur interdisait les vêtements d'étoffe
teinte ; pour distinguer les profès des novices,
on habilla donc les premiers en blanc, et les
seconds en gris, mélange de la laine des moutons blancs et noirs. L'Église avait déjà fait
du blanc le symbole de la pureté, aussi les
Chartreux, les Prémontrés, les Servites (*Blancs-
Manteaux*), les Augustins portaient-ils des
robes de cette couleur. Celle des Franciscains
était grise ou fauve ; celle des Carmes zébrée
de bandes blanches et brunes, d'où leur vint
le nom de *moines barrés*. Le clergé séculier
restait beaucoup plus indépendant. Depuis
longtemps, le prêtre ne devait s'approcher de
l'autel que vêtu de blanc et dans des habits
qui ne fussent pas ceux de la vie ordinaire.
Mais, au quatorzième siècle encore, la robe
que voilait la tunique de lin était bleue, rouge,

---

[1] Page 98.

grise ou violette au gré de son possesseur. Aucune prescription n'existait à cet égard, l'attribution de l'écarlate aux cardinaux et du violet aux évêques ne vint que plus tard.

Les quatre couleurs officielles de l'Église étaient :

Le *blanc*, emblème de la pureté.

Le *rouge*, représentant le sang versé par les martyrs.

Le *vert*, désignant l'espérance qui animait les premiers chrétiens quand ils mouraient pour Jésus-Christ.

Le *noir*, symbole de la mort [1].

L'emploi de certaines substances était interdit aux teinturiers. On condamnait à vingt sous d'amende le maître qui se servait d'alun avarié, celui aussi qui produisait le rouge violet au moyen de la teinture d'orseille, alors appelée fueil [2]. La *moulée, noir de chaudière* ou *noir d'écorce*, mélange d'écorce d'aune et de limaille de fer, était déclarée « tainture corrosive, mauvaise et ardant de soy [3]. »

Ouvrons maintenant l'encyclopédie du qua-

---

[1] G. Durand, *Racional des divins offices*, traduit en français par Jean Goulain, édit. de 1503, 3e partie, fo LXVIII.

[2] *Livre des métiers*, titre LIV, art. 3.

[3] *Statuts de* 1268, art. 3.

torzième siècle, le traité *De proprietatibus rerum*, qui fut composé par le Franciscain Barthélemy l'Anglais [1] et traduit en français, sur l'ordre du roi Charles V, par Jean Corbechon ou Corbichon [2]. J'extrais ce qui suit du chapitre consacré aux couleurs.

Vermillon. Couleur près de rouge, qui reluyst et resplandist comme feu... La matière du vermillon est une terre qu'on prend au rivage de la mer Rouge, laquelle terre est si rouge qu'elle tainct et rougist toute cette mer.

Pourpre. Est ainsi appellée pour sa pureté et pour sa lumière, car elle croist ès païs du monde que le soleil enlumine plus proprement.

Blanc. Couleur engendrée de lumière grande et claire.

Fauve. Engendrée de foible blancheur qui traict [3] un peu sur le rouge.

Pasle. Est engendrée de telle cause que le fauve, mais il y a moins de blancheur et se traict plus au noir.

---

[1] Ou Barthélemy de Glanvil. En latin B. Anglicus, de Glanvilla, Glannovillanus, etc. Il mourut vers 1360.

[2] *Le grand propriétaire de toutes choses très utiles et profitables pour tenir le corps humain en santé, contenant plusieurs et diverses maladies, et dont ils procèdent, et aussi les remèdes. Idem, les propriétés du ciel, de la terre, des bestes, des oyseaulx... Translaté de latin en françois par Jean Corbechon, docteur en théologie.* Je cite l'édition in-folio publiée en 1556, f[os] ccij et suiv.

[3] Tire.

Rouge. Tient moyen [1] entre blanc et noir, et est autant loing de l'un comme de l'autre.

Citrine. Signifie chaleur attrempée.

Jaulne. Donne plus quand taincture que ne fait la citrine.

Punicée[2]. Est entre jaulne et rouge et a en soy plus de rouge que de blanc ne de noir, et décline plus au blanc qu'au noir, comme il appert en la couleur des pommes d'orenges, qui sont de cette couleur.

Verde. Elle est délectable à la veue, car elle est composée de nature de feu et de terre. Les cerfz et autres bestes sauvages fréquentent voluntiers à la verdure, non pas seulement pour pasturer, mais aussi pour leur veue conforter.

Violée [3]. Elle est engendrée en matière où l'eaue et la terre ont seigneurie [4]... Elle est mauvaise ès corps des gens et des bestes, car elle est signe de trop grand froidure qui estainct la chaleur naturelle.

Inde ou *azur.* En Inde sont trouvez roseaulx qui ont racines fichées en fanges et en limon. Inde est la couleur du ciel qui est moult belle et a un peu de couleur de pourpre mêlée avec. Elle surmonte la perse [5] en beaulté et a plus de nature de l'aer meslée avec les parties terrestres qui sont en sa complexion que n'a l'autre.

---

[1] Le milieu.

[2] Du latin *puniceus.* C'est la couleur *orangé.*

[3] Violet.

[4] Dominent.

[5] Le bleu dit *pers.* Voy. ci-dessus.

Noir. Noire couleur est privation de blancheur, et est engendrée de lumière petite et obscure.

Sinope. Est une couleur rouge [1] qui fut trouvée en la mer près de la cité de Sinope.

Pyment. Autrement *sirique*, est ce de quoy on fait la couleur, dont on escript le chief des livres [2], et est cueilly au rivage de la mer Rouge au païs de Fenice [3].

Mine [4]. Couleur rouge que ceux de Grèce trouvèrent premièrement à Éphèze. Mais il y en a plus en Espagne qu'en nulle autre région.

Sinobre [5]. Le serpent lye de sa queue les jambes de l'éléphant, et l'éléphant se laisse cheoir sur le dragon; et le sang du dragon rougist la terre, et toute la terre que le sang touche devient sinobre, qu'Avicenne appelle sang de dragon [6]. Et est sinobre une pouldre de rouge couleur.

---

[1] Il n'est donc pas question ici de la couleur héraldique nommée *sinople,* car elle désigne le vert. *Sinopis* en latin a le même sens. — Sur cette couleur, voy. l'*Histoire naturelle* de Pline, lib. XXXV. Barthélemy l'Anglais s'est évidemment inspiré de cet ouvrage.

[2] « Rubri coloris pigmentum ex quo librorum capita scribuntur, » dit Ducange, au mot *siricum.*

[3] De Phénicie.

[4] Minium. Au dix-huitième siècle, le minium le plus recherché était encore celui d'Espagne.

[5] Cinabre?

[6] Sang-de-dragon. — Le dragon combattait l'éléphant et le renversait; mais celui-ci, en tombant, écrasait le dragon, dont le sang rougissait la terre et la changeait en sinobre. Cette légende était encore très répandue au dix-septième siècle. Voy. P. Pomet, *Histoire des drogues,* 1re partie, p. 259.

Prasine. Est une espèce de cette couleur qu'on appelle en grec *crisocane*, pour ce qu'on trouve l'or avec luy, et le trouve-on en Arménie [1].

Sandarache [2]. Elle croist en une isle de la mer Rouge, qui est appellée *Topazon*, et est de la couleur du sinobre.

Arceny ou *orpiment* [3]. Est ainsi appellé pour ce qu'il a couleur d'or, et est cueilly en un païs qui est appellé Pont Arceny.

Ocre. Croist en isle de Topazon, où croist sandarache [4].

Attrament. Est ainsi appellé pour ce qu'il est noir... L'encre à escripre [5] est attrempé et aguysé par attrament, lequel a moult de vertu.

Méline [6]. Est blanche et est de matière trouvée en l'isle de Mellon [7], et pour ce est appellée couleur méline.

Fart. Est une couleur faincte que les femmes mettent sur leur face pour leur donner couleur et beaulté apparente. Et est couleur composée de moult de choses.

[1] « Prasine est une terre verde, et croist la meilleure qui soit en Libie » (*Blason des couleurs*, p. 85). Rabelais parle d'un pourceau qui avait « les aureilles verdes comme une esmeraugde prassine » (*Pantagruel*, liv. IV, chap. XLI). — Voy. Ducange, au mot *prasinum*.

[2] « Sandarax est herba de qua tingitur blavus color, » dit Ducange.

[3] L'orpiment ou réalgar, sulfure d'arsenic rouge.

[4] « Sandarache croist en une isle de la mer Rouge, et ocre en l'isle Topazion. » *Blason des couleurs*, p. 81.

[5] En latin atramentum.

[6] Voy. Ducange, au mot *melinus*.

[7] Milo, une des Cyclades.

Faulx azur [1]. Est fait de fort vin aigre jetté sur plate de plomb qui sont mis sur serment de vigne blanche.

Il est moult d'autres manières de couleurs, tant simples que meslées, de quoy usent les painctres et les taincturiers; mais nous avons récité les plus nobles, et pour ce il suffist de ceste matière quant à présent.

Il ne semble pas que l'usage de solenniser un deuil par quelque marque apparente soit antérieur au début du quatorzième siècle. Un éminent ecclésiastique du douzième siècle signale comme une coutume étrange de la part des Espagnols, qu'à la mort des personnes qui leur sont chères, ils bannissent tout luxe dans les vêtements et n'en portent plus que de noirs [2]. En France, le noir fut aussi la première couleur que, deux siècles plus tard, la

---

[1] Vert-de-gris.

[2] « Vidi nuper ipse in Hispaniis constitutus et admiratus sum antiquum hunc morem ab Hispanis adhuc omnibus observari. Mortua quippe uxore maritus, mortuo marito conjux, mortuis filiis patres.. statim sericas vestes totumque multicolorem ac preciosum habitum abdicantes, nigris tantum vilibusque indumentis se contingunt. » Pierre le Vénérable (P. de Montboissier), *epistolarum lib. IV*, epist. xvii. Dans M. Marrier, *Bibliotheca Cluniacensis*, édit. de 1614, col. 841. — Comment M. Quicherat, en général exact, a-t-il pu attribuer ce passage à Baudry de Bourgueil? Voy. son *Histoire du costume*, p. 288.

tristesse choisit pour emblème. En 1303, Mahaut d'Artois en deuil de son mari, tend de noir son lit et sa chambre[1]. Philippe le Long fit de même, en 1316, à la mort de son frère Louis le Hutin[2]. En 1388, quand le comte de Foix apprit la mort de son fils Gaston, il appela son barbier, « se fit rere tout jus [3], puis se vestit de noir et tous ceux de son hostel[4]. » Pour suivre un enterrement, les femmes choisissaient des vêtements noirs, qu'elles recouvraient d'un long manteau de même couleur :

> Et s'elle veult aller au corps [5]
> De Gaultier, Hersan ou Jehanette,
> Il li fault robe de brunette [6]
> Et mantel pour faire le dueil [7].

Il est probable que l'on conservait toute sa vie le deuil de son conjoint. La veuve qui se remariait gardait pour la cérémonie sa robe

[1] J.-M. Richard, *La comtesse Mahaut*, p. 166.
[2] *Compte de Geoffroi de Fleuri*, p. 13.
[3] Raser de près.
[4] Froissart, *Chronique*, liv. III, chap. XIII, édit. Buchon, t. II, p. 403.
[5] Au convoi.
[6] Drap fin de couleur foncée.
[7] E. Deschamps, *Le miroir de mariage*, p. 43, vers 1247 et suiv.

noire, et le lendemain seulement « en vestoit d'autre[1]. »

Je rappelle enfin que déjà, les raffinés en dévotion se servaient de couteaux à manche d'ébène pendant le carême, et reprenaient les manches d'ivoire le jour de Pasques [2].

II

LE QUINZIÈME SIÈCLE

Le héraut d'armes Sicille. — Symbolique des couleurs simples et des couleurs composées. — Couleurs attribuées aux sept sacrements. — Les livrées. — Signification des couleurs unies entre elles. — Couleurs adoptées par Charles VII, par Louis XI, par Charles VIII, par Anne de Bretagne, par Louis XII. — Couleurs à la mode suivant la condition des personnes.
Le noir et le pers couleurs de deuil. — Les rois portent le deuil en rouge. — Deuil de Charles VII et de Louis XI. — Aliénor de Poitiers. — Deuil des femmes beaucoup plus rigoureux que celui des hommes. — Deuil de père ou de mère, de mari et de frère ainé, etc. — On ne porte en deuil ni bagues ni gants. — Long deuil des princesses. — Deuil des reines. — L'habit de viduité. — Les reines blanches.

J'ai dit quel sens symbolique l'Église attribuait à ses quatre couleurs. Les autres cou-

---

[1] Le ménagier de Paris (1393), t. II, p. 123.
[2] Voy. les Variétés gastronomiques, p. 66.

leurs avaient aussi chacune le sien. Tous nous sont révélés par un guide très sûr, auteur anonyme d'un traité du blason qui complète celui du héraut d'armes Sicille, dont le véritable nom nous est inconnu aussi [1]. Nous savons seulement qu'il habitait la ville de Mons et écrivait vers 1435.

Son livre nous apprend qu'à cette époque :

le BLANC représentait

- la beauté.
- la joie.
- la justice.
- la bonne conscience.
- la chasteté.
- la virginité.
- l'humilité.

le ROUGE représentait

- la chaleur.
- l'activité.
- la hardiesse.
- la colère.
- la fierté.
- la santé.

le BLEU représentait

- l'amitié.
- la courtoisie.
- l'éloquence.
- l'adresse.
- la jalousie.

---

[1] *Le blason des couleurs en armes, livrées et devises. Livre très utille et subtil pour sçavoir et cognoistre d'une et chascune couleur la vertu et propriété...* Souvent réimprimé.

le VIOLET représentait
- l'amitié.
- la douceur.
- la mélancolie.
- la loyauté.
- la reconnaissance.

le JAUNE représentait
- la richesse.
- la sagesse.
- la magnanimité.
- la prudence.

le VERT représentait
- la beauté.
- l'amour.
- la joie.
- la jeunesse.

le GRIS représentait
- la pauvreté.
- la simplicité.
- la patience.
- l'espérance.
- le désespoir.

le NOIR représentait
- la douleur.
- la constance.
- la pénitence.
- la loyauté.
- la science.

A l'égard des sacrements, on symbolisait

Le BAPTÊME par la couleur blanche.

La CONFESSION	—	rouge.
La CONFIRMATION	—	bleue.
La COMMUNION	—	jaune.
Le MARIAGE	—	verte.
L'ORDINATION	—	pourpre.
L'EXTRÊME-ONCTION	—	noire.

COULEURS COMPOSÉES

La FLEUR DE PÈCHER représentait..........
{ La richesse diminuée.
Le courage perdu.

Le TANNÉ BLANCHATRE représentait........
{ L'innocence simulée.
« La justice trouble et joye feinte. »

Le TANNÉ ROUGEATRE représentait ....
{ Le courage feint.
L'âpre souci.
La grande douleur.

Le TANNÉ VIOLET représentait..............
{ La courtoisie.
L'amour troublé.

Le TANNÉ OBSCUR représentait............
{ La douleur.
Les soucis.
La tristesse.

Le TANNÉ GRIS représentait ....
{ La petite espérance.
« Le reconfort d'ennui. »

Le GRIS VIOLENT représentait............
{ L'amoureuse espérance.
La souffrance par amitié.

Le GRIS BLANCHATRE représentait..........
{ La patience en adversité.
La joie.

Le GRIS CENDRÉ représentait...............
{ Les sombres pensées.
Le travail.

Le GRIS OBSCUR représentait ....
{ La crainte en espérance.
La liesse en douleur.
L'espoir en souci.

Le BLEU VIOLENT représentait................
{ La loyauté en amour.
La douce courtoisie.

Mais ce n'est pas tout. Chacune de ces couleurs prenait une signification différente selon qu'elle était unie à une autre ou à plusieurs autres. Ceci intéressait surtout les grands seigneurs qui voulaient choisir une livrée pour leur maison ; mais tout le monde pouvait, paraît-il, en tirer plaisir et profit. Voici donc un tableau, incomplet encore, de cette belle science :

LE BLANC

Uni au BLEU, signifiait courtoisie, sagesse.
— GRIS, — recherche de la perfection.
— JAUNE, — plaisir d'amour.
— ROUGE, — hardiesse en choses honnêtes.
— VERT, — jeunesse vertueuse.
— TANNÉ, — suffisance de plaisirs.
— POURPRE, — «grâce de toutes gens.»
— VIOLET, — loyauté en amour.

LE ROUGE

Uni au BLEU, signifiait désir d'apprendre.
— JAUNE, — cupidité, avarice.
— GRIS, — hautes espérances.
— NOIR, — dégoût du monde.
— TANNÉ, — force perdue.
— POURPRE, — force et puissance.
— VIOLET, — ardent amour.

LE JAUNE

Uni au GRIS, signifiait chagrins, soucis.
- — VERT,   —   espérance de réussir.
- — VIOLET, —   plaisir d'amour.
- — NOIR,   —   constance.

LE VERT

Uni au BLEU,   signifiait joie factice.
- — VIOLET,   —   joie d'amour.
- — TANNÉ,   —   pleurs et rires.
- — GRIS,   —   jeunesse transic d'amour.
- — à L'INCARNAT, —   ambition.

LE NOIR

Uni au BLEU,   signifiait défiance, simplicité simulée.
- — VIOLET,   —   déloyauté, trahison.
- — TANNÉ,   —   extrême douleur.
- — à l'INCARNAT,   —   « constance en bien vivre. »

LE BLEU

Uni au GRIS,   signifiait changement d'état.
- — VIOLET,   —   sagesse en amour.
- — TANNÉ,   —   patience dans l'adversité.
- — à l'INCARNAT,   —   habile en tout.

LE VIOLET

Uni au GRIS, signifiait extrême loyauté.
- — TANNÉ,   —   amour infidèle.

JAUNE, BLANC, INCARNAT signifiaient richesse bien acquise et loyauté.

BLEU, VERT, ROUGE signifiaient « joie modérée avec courroux. »

VIOLET, INCARNAT, BLANC signifiaient loyauté avec tous.

NOIR, GRIS, BLANC signifiaient espérance.

GRIS, TANNÉ, VIOLET signifiaient déloyauté.

JAUNE, VIOLET, BLANC signifiaient « loyauté amoureuse, jouissance de ses amours. »

BLEU, VIOLET, GRIS signifiaient « loyauté en espérance. »

GRIS, INCARNAT, BLEU signifiaient « joyeuseté en amours. »

BLEU, VERT, GRIS signifiaient « affoler et sécher d'amour. »

VERT, JAUNE, VIOLET signifiaient « jouir d'amours à tout jamais. »

JAUNE, VERT, GRIS, NOIR signifiaient « espérance de jouir d'amour en tristesse. »

Je ne crois pas que nos rois se soient beaucoup préoccupés de cette symbolique dans le choix de leurs couleurs, qui d'ailleurs varièrent souvent au cours de chaque règne. Charles VII eut pendant longtemps la passion du vert :

> Le bon seigneur, pour sa joieuseté,
> Portoit sur luy souvent quelque verdure
> Ou es habitz en yver ou esté,
> Et estoit gay pour resjouyr nature [1].

[1] Martial de Paris, *Les vigilles de Charles VII*, édit. de 1724, t. II, p. 30.

Il associa plus tard au vert le rouge et le blanc :

> Ceux [1] du feu roy avoient jaquettes
> De couleur rouge, blanche et verd',
> Semées d'orfaveries bien faictes,
> A collet brodé et ouvert [2].

Louis XI conserva les couleurs de son père : rouge, blanc et vert. Il remplaça parfois le vert par le noir.

Charles VIII eut d'abord un goût singulier pour le rouge et le jaune [3]. Après son mariage, il unit au violet le blanc, une des couleurs d'Anne de Bretagne :

> En ce temps là, le noble roi portoit
> Ces deux couleurs pour un cas nouvelet,
> Avec un C et un A tout seulet,
> Signifiant ensemble Anne et Charles.
> Et si n'avoit laquais, paige ou varlet
> Qui n'eut sur lui ces couleurs principales.

« Couleurs principales » est bien dit, car là livrée de Charles VIII varia souvent. Elle fut encore rouge, blanche et verte, comme celle de Louis XI ; rouge et tannée ; blanche et

---

[1] Les archers.
[2] *Comment la ville de Rouen fut rendue.* Dans *Les vigilles de Charles VII*, t. II, p. 61.
[3] *Bibliothèque de l'Ecole des chartes*, année 1849, p. 163.

grise, etc. [1] Anne de Bretagne portait rouge, noir et blanc. Louis XII, l'ayant épousée, plaça le blanc dans ses livrées, et il y ajouta le rouge et le jaune.

Voyons maintenant comment se répartissaient alors les couleurs « selon les qualitez des personnes. » C'est là un article de modes qui peut se résumer ainsi :

Le BLANC convenait aux enfants, aux prêtres, aux jeunes filles de village, aux fous.

Le JAUNE était surtout porté par les gens d'armes, pages, laquais et « aultres gens suyvans la guerre et la court. »

Le ROUGE fournissait des bonnets, des chausses, des pourpoints aux gentilshommes ; des cottes et des ceintures à leurs femmes ; des robes aux gens de justice, à certains chanoines et aux enfants de chœur.

Le VERT était adopté par « jeunes gens joyeulx et délibérez, jeunes adolescens, jeunes filles fiancées et nouvelles mariées. »

Le BLEU pers était fort employé pour les ceintures et cordons des belles filles ; pour les chapeaux, robes, pourpoints et chausses des « gens de villaige. »

---

[1] Jal, *Dictionnaire critique*, p. 438.

Le POURPRE était l'apanage des rois et des hauts dignitaires ecclésiastiques.

Le VIOLET faisait reconnaître les marchands et « gens vivans de leurs rentes. »

Le GRIS plaisait aux mariniers et aux laboureurs.

L'INCARNAT désignait surtout « les gens amoureux et gaillardz, les courtisans et les gens qui usent de la plume. »

Le NOIR était porté « par gens de tous estatz, comme moynes, nonnes, marchans, femmes, gens de justice et prestres... Ceste couleur pour le présent, est la plus requise en habitz qui soit, pour la simplicité qui est en elle. Mais tout le monde en abuse. On en faict les beaulx draps de fine laine. » Ce qui revient à dire que, comme aujourd'hui, le noir était la couleur préférée des gens sérieux.

C'était aussi celle du deuil. « Quand on veult porter le deuil, dit encore le continuateur de Sicille, on prend le noir comme la plus simple couleur ; » et il ajoute : « On tend de pers à la maison d'ung trespassé [1]. »

A la mort du duc d'Orléans (1414), son frère Charles VI lui fit faire à Notre-Dame des

[1] Page 111.

obsèques solennelles, où assistèrent les grands seigneurs du royaume, « tous vestus de noir [1]. »

Aux funérailles de Charles VIII (1498), le lit sur lequel il fut exposé dans « la salle de deüil » était couvert d' « ung drap d'or, avec bande de veloux bleu. » La salle était tendue de taffetas noir. Sur le cercueil s'étendait « un grand drap de veloux noir, et sur ledit un grand drap d'or [2]. »

Lorsque le roi mourait, l'héritier de la couronne, en quelque lieu qu'il se trouvât, devait s'habiller de noir jusqu'au premier service célébré pour l'âme du défunt. Après quoi, il quittait le noir pour le vermeil, équivalent du pourpre qui était la couleur de son deuil. Ainsi, Charles VI mort (1422), le Dauphin, « sur l'ordonnance de son Conseil, fut vestu de noir pour la première journée, et le lendemain à la messe fut vestu d'une robe de vermeil [3]. » Louis XI était à Genappe, près de Bruxelles, quand on lui annonça le décès de son père. Il commanda aussitôt un service,

[1] Monstrelet, *Chronique*, liv. I, chap. cxxxiii, édit. Douët-d'Arcq, t. III, p. 55.

[2] A. F., *Ordonnance faicte pour les funérailles du roi Charles VIII*, 1864, in-8°.

[3] Monstrelet, liv. II, chap. i, t. IV, p. 130.

« et incontinent que icelui fut fait, fut vestu d'une robe d'escarlate vermeil, comme il appartient à un Roy successeur d'un aultre, monta à cheval et ala jouer aux champs [1], » c'est-à-dire à la chasse.

Le deuil était plus rigoureux pour les femmes que pour les hommes. Aliénor de Poitiers, une grande dame que j'ai déjà présentée à mes lecteurs [2], nous fournit sur ce point les renseignements les plus circonstanciés et les plus précis [3].

Les femmes n'assistaient pas au service célébré pour leur mari.

En deuil de père ou de mère, les grandes dames [4] restaient pendant neuf jours assises sur leur lit recouvert de drap blanc, et gardaient la chambre pendant six semaines.

Le deuil de mari, de père, de mère et de frère aîné devait se porter pendant un an ; « mais peu le portent si longuement. Pour

---

[1] Mathieu d'Escouchy, *Chronique*, chap. CLIII, t. II, p 423.

[2] Voy. les *Variétés gastronomiques*, p. 198.

[3] Elle écrivait *Les honneurs de la Cour* entre 1484 et 1491.

[4] Aliénor dit « les banneresses ». Le chevalier banneret était celui qui pouvait disposer de cinquante hommes d'armes.

aultres frères, sœurs et amis [1], demy an ou trois mois, selon que le cas le requiert. »

Eu grand deuil, comme de mari ou de père, on ne devait « porter ny verge [2], ny gantz ez mains. »

Les deuils de princesses étaient beaucoup plus solennels. Après le décès du duc de Bourbon (1456), sa fille madame de Charolais « incontinent qu'elle sceut sa mort, demeura en sa chambre six semaines, et estoit tousjours couchée sur un lit couvert de drap blanc... La chambre estoit toute tendue de drap noir, et en bas un grand drap noir en lieu de tapis. Et devant ladite chambre où madame se tenoit, y avoit une autre grande chambre pareillement tendue de drap noir. Quand madame estoit en son particulier, elle n'estoit point toujours couchée, ni en une chambre.

« Un Roy de France ne porte jamais noir en deuil, quand seroit son père ; mais son deuil est d'estre habillé tout en rouge.

« J'ai ouy dire que la Royne de France doibt demeurer un an entier sans se partir de la chambre là où on lui dit la mort du Roy son mari. Et chacun doibt sçavoir que la chambre

---

[1] Des parents sans doute

[2] Bague, anneau.

de la Royne doit estre toutte tendue de noir et les salles tapissées de drap noir [1]. »

Le deuil de mari paraît avoir été de tous le plus rigoureusement observé. Ainsi, les statuts accordés aux tailleurs en septembre 1461 leur défend de travailler le samedi ou la veille des grandes fêtes, sauf « pour gens qui voulsissent aler en voyaige ou pour porter estat de viduité [2]. » Car le deuil se reconnaissait non seulement à la couleur des vêtements, mais aussi à leur forme. Les veuves, par exemple, devaient ensevelir leur tête dans la guimpe, voile de toile fine qui enveloppait le visage, le cou et les épaules [3]. Ajoutez-y le long manteau, et vous aurez peut-être ce que l'on a nommé l'*habit de viduité* [4], dont la rigueur primitive tolérait bien des adoucissements. Plus sévère que le costume mondain, moins austère que le costume monacal, il rappelait, comme ce dernier, des engagements sérieux, car on le gardait toute sa vie, à moins d'un remariage, fait assez rare et toujours mal vu par

---

[1] Tome II, p. 205.

[2] Dans les *Ordonn. royales*, t. XV, p. 62. — Les tailleurs habillaient alors les deux sexes.

[3] Sur la guimpe, voy. Viollet-le-Duc, *Dictionnaire du mobilier*, t. III, p. 208 et suiv.

[4] Voy. Ducange, au mot *viduæ*.

3.

l'Église. L'habit de viduité, en général noir
ou gris, était blanc pour les reines, de là le
nom de *reines blanches* que l'on donnait alors
aux reines douairières, pour les distinguer de
la nouvelle souveraine. Toutefois, Catherine
de Médicis ayant voulu porter en noir le deuil
de Henri II, fut appelée *reine mère*[1]. Je reviendrai sur tout ceci au siècle suivant.

III

LA BIÈVRE ET LES GOBELINS

Cours de la Bièvre. — Le clos du Chardonnet au douzième
siècle. — Il est traversé par la Bièvre aux rives embau-
mées. — Saint Bernard obtient que son cours soit dé-
tourné au profit des religieux de Saint-Victor. — Nouveau lit creusé, sa direction. — Troisième lit, datant du
quatorzième siècle. — La Bièvre empestée. — Elle est
rendue à son cours primitif. — Jean Gobelin et la folie
Gobelin. — Premières teintures obtenues par les Gobelin. — Leur éclat était-il dû aux eaux de la Bièvre ? —
Utilisait-on certaines qualités d'urine ? — La descen-
dance de Jean Gobelin. — Décadence de l'établissement.
— Il est acheté par Colbert et transformé en manufacture des meubles de la couronne. — Jean Gluck.

La Bièvre [2] prend sa source dans le parc
de Versailles, près du village de Guyencourt.

---

[1] L. Guyon, *Diverses leçons*, etc., édit. de 1625, t. II,
p. 718. — Henri Étienne, *Dialogues*, t. I, p. 267 et suiv.
[2] Bibera, Bibara, Bievra, Bevra, Benevis, Bever, etc.

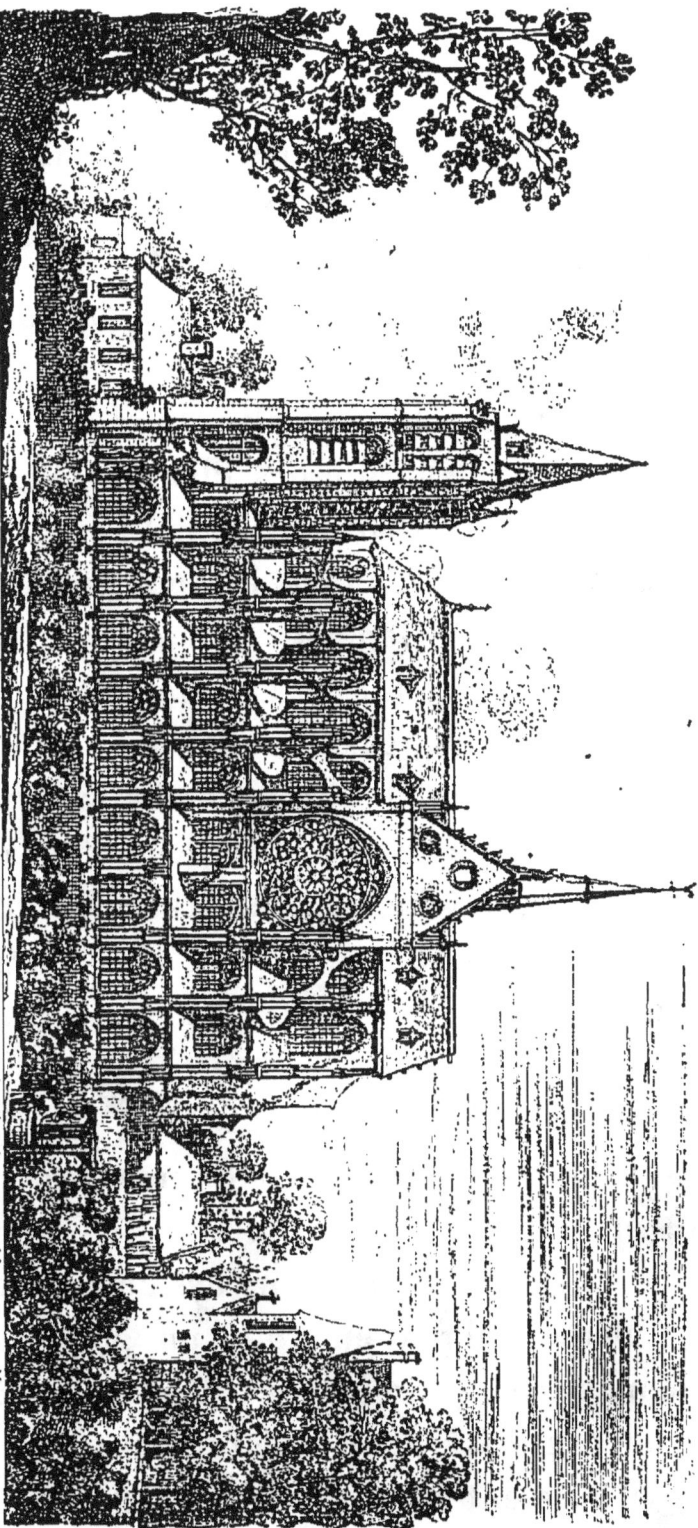

Vue de l'Abbaye de St VICTOR, fondée auprès de Paris, dans un Fauxbourg de son nom, par le Roy Louis 6me. Surnommé le Gros en l'année 1113.
Dessigné et gravé par I. Marot.
Avec privilege du Roy.
Chez P. Mariette.

Elle visite Jouy, Bièvre, Igny, Antony, etc.,
et après avoir traversé la partie orientale de
Paris, va se jeter dans la Seine entre le pont
d'Austerlitz et le pont de Bercy. Elle a ainsi
repris son cours primitif, qui avait été jadis
deux fois modifié.

Au douzième siècle, l'emplacement occupé
aujourd'hui par le Jardin des Plantes, la Sal-
pêtrière et la gare d'Orléans faisait partie du
vaste clos du Chardonnet et appartenait à
l'abbaye de Sainte-Geneviève. La Bièvre ar-
rosait ce petit territoire et alimentait un
moulin dont les religieux tiraient grand profit.

Ce domaine était limité à l'ouest par une
voie qui le séparait des jardins dépendant de
l'abbaye de Saint-Victor, sur les ruines de
laquelle a été établie la halle aux vins. Cette
voie, dite d'abord *la rue derrière les murs de
Saint-Victor*, puis *rue de Seine*, est devenue la
rue Cuvier.

Les religieux de Saint-Victor manquaient
d'eau, et enviaient fort la petite rivière de
leurs voisins. Elle roulait alors des ondes lim-
pides ; même, s'il faut en croire un poète du
douzième siècle, ses rives étaient émaillées de
fleurs odorantes qui, par l'éclat de leurs couleurs, rivalisaient avec l'améthyste et l'éme-

raude [1]. Cédant aux instances de saint Bernard [2], et moyennant une rente annuelle de deux sous, les Génovéfains consentirent à aliéner une partie de ces précieuses eaux. Les moines de Saint-Victor firent creuser un canal de neuf pieds de large qui, traversant leur jardin tout entier, allait aboutir à la Seine un peu plus bas que la rue de Bièvre actuelle. Pour alimenter ce canal, un barrage fut établi vers le milieu des terres appartenant à Sainte-Geneviève. Il était formé d'une énorme pierre, dont la hauteur avait été réglée à l'amiable entre les parties contractantes. Jusqu'à cette hauteur, l'eau, arrêtée par la pierre, allait remplir le nouveau lit; celle qui continuait son cours au-dessus de la pierre s'écoulait dans le lit primitif.

---

[1] Joannes Annævillanus, *Archithrenius*. Dans E. Duboulay, *Historia universitatis Parisiensis*, t. II, p. 483.

[2] Saint Bernard écrivait vers 1150 : « Notum fieri volo me quadam vice cum Parisiis venissem, rogasse dominum Odonem, abbatem S. Genovefæ omnesque fratres in communi capitulo, ut fraternæ dilectionis intuitu Gelduino, abbati, fratribusque ecclesiæ S. Victoris concederent aquam Benevim utque ad suam ecclesiam deducere, et unde versus Parisiis in Sequanam. » *Sancti Bernardi opera*, édit. de 1690, t. I, notæ, p. xcj. — Cette lettre n'est pas datée, mais elle ne peut avoir été écrite qu'entre 1147, année où Odon devint abbé de Sainte-Geneviève, et août 1153, date de la mort de saint Bernard.

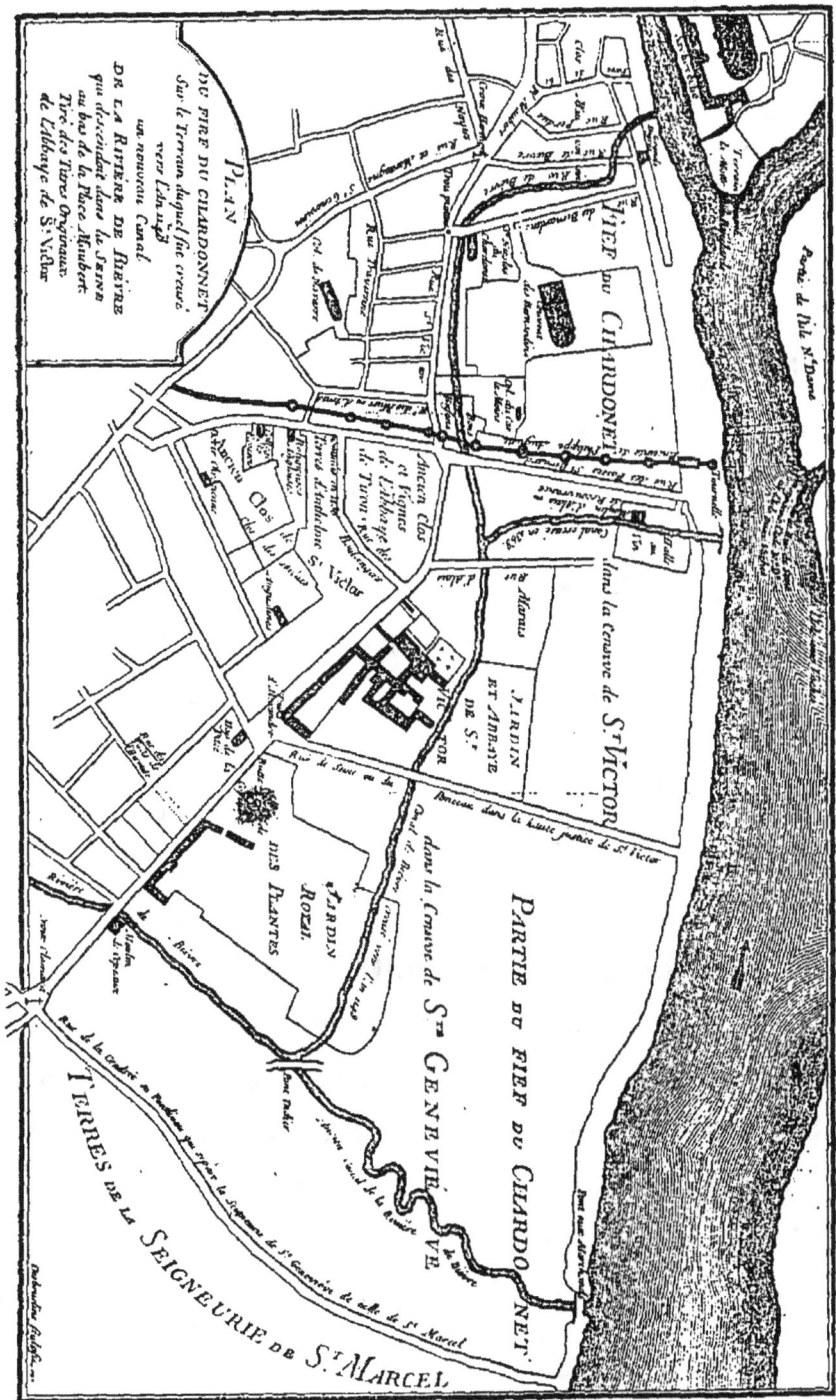

FIEF DU CHARDONNE

dans la censive de St VICTOR

Ancien clos et Vignes de l'Abbaye de St Victor

Clos des

JARDIN ET ABBAYE DE St VICTOR

JARDIN ROYAL DES PLANTES

PARTIE DU FIEF DU CHARDONNET

TERRES DE LA SEIGNEURIE DE St MARCEL

La construction de l'enceinte élevée autour de Paris par Philippe-Auguste [1], et qui en cet endroit suivait à peu près le tracé de la rue du Cardinal-Lemoine [2], ne modifia en rien la situation. On pratiqua dans la muraille une arche pour donner passage aux eaux de la Bièvre. Mais, vers 1368, Charles V ayant élargi le fossé qui bordait l'enceinte de ce côté, on renonça à les leur faire franchir, et un nouveau canal fut creusé. Il suivit, parallèlement au fossé, la direction de la rue actuelle des Fossés-Saint-Bernard, et aboutit à la Seine un peu plus haut que notre pont de la Tournelle. Durant les travaux, le barrage avait été supprimé, et la Bièvre, ramenée à son premier lit, y coulait tout entière jusqu'au fleuve.

La partie abandonnée du canal dans l'intérieur de Paris fut dès lors convertie en égout pour les quartiers qu'elle traversait.

Mais les manufactures, de plus en plus nombreuses, qui s'établirent au faubourg Saint-Marcel, finirent par corrompre à ce point les eaux de la Bièvre, que les Victorins empestés durent renoncer à les utiliser, puis cherchèrent les moyens de s'en délivrer. Voici en

[1] Vers l'année 1210.
[2] Voy. *Écoles et collèges*, p. 46.

quels termes les dépeignait Claude le Petit,
vers la fin du dix-septième siècle :

> Ne faisons pas icy le cancre,
> Et passons vite ce ruisseau.
> Est-ce de la boue ou de l'eau ?
> Est-ce de la suie ou de l'encre ?
> Quoy ! c'est le seigneur Gobelin,
> Qu'il est sale et qu'il est vilain !
> Je croy que le diable à peau noire,
> Par régal et par volupté,
> Ayant trop chaud en purgatoire
> Se vient icy baigner l'esté [1].

Les religieux étaient bien de cet avis. Aussi
se décidèrent-ils à faire combler le lit artifi-
ciel qui traversait leur domaine, et la petite
rivière reprit son cours primitif.

Sur ses bords s'étaient installés, dès le
quatorzième siècle, plusieurs drapiers [2] et de
nombreux teinturiers. C'est vers 1450 que
vint s'y fixer Jean Gobelin[3] qui, écrit Sauval,

---

[1] *Paris ridicule*, édit. de 1859, p. 76.

[2] Nous avons vu plus haut qu'ils teignaient eux-mêmes
leurs draps.

[3] Cette famille était originaire de Reims, suivant les uns,
de la Flandre, suivant d'autres. Deux Hollandais, qui visi-
tèrent Paris en 1657, s'expriment en ces termes, dans le
journal de leur voyage : « On la nomme ainsi [la rivière de
Bièvre ou des Gobelins] de ces fameux teinturiers flamands
qui se nommoient Gobeelen, et par corruption de la langue
on en a fait Gobelins... Ceux qui travaillent là sont encore

« se rendit si célèbre en son art que sa maison, son écarlate, sa teinture et la rivière dont il se servoit ont pris son nom[1]. » Sa teinturerie fut tout d'abord montée avec un soin extrême, même avec un tel luxe qu'on l'appela *la Folie Gobelin ;* depuis longtemps, on qualifiait ainsi de *Folies* les riches maisons de campagne situées aux environs de Paris, et dont les opulents propriétaires se ruinaient parfois en embellissements. Jean Gobelin ne se ruina pas. Il créa, au contraire, un atelier modèle dont le nom est resté célèbre et dont le monde entier devint tributaire, car ses écarlates furent bientôt exportées jusqu'en Orient[2].

Les vertus spéciales dont on croyait douée la Bièvre sont maintenant reconnues comme imaginaires. Rabelais explique à sa manière l'origine du « ruisseau auquel Goubelin tainct l'escarlatte [3]. » Laffemas écrivait à Henri IV vers la fin du seizième siècle : « On sçait assez combien les teintures de Paris ont autresfois

pour la plupart d'Anvers, de Bruges et d'Oudenarde. » *Journal,* publié par Faugère, p. 45.

[1] *Recherches sur Paris,* t. II, p. 261.

[2] Son « escarlate se transporte jusqu'à la porte du Grand Seigneur et aux autres provinces de l'Orient.» Louis Coulon, *Les rivières de France,* t. I, p. 119.

[3] *Pantagruel,* liv. II, chap. XXII.

donné de valeur à la draperie, et que ce n'estoit point les eaux qui leur donnoient de l'es-
clat. La propriété n'y est pas plus grande
qu'ailleurs, mais l'ordre y estoit mieux gardé,
la police y estoit meilleure, et bref les ingrédiens moins altérez, falcifiez ou corrompus[1]. »
Papire Masson, qui avait épousé une petite
fille de Jean Gobelin, reconnaît également que
la réputation de la Bièvre a été fort surfaite[2].
On a prétendu encore que l'écarlate des Gobelins était obtenue au moyen de l'urine provenant d'ouvriers nourris d'une façon particu-
lière. Cette nourriture passait pour abréger la
vie de ceux qui y étaient soumis, aussi plusieurs condamnés à mort demandèrent, en
manière de commutation de peine, à partager
le régime des Gobelins. S'il fallait en croire le
médecin Jean Manlius, la manufacture eût

---

[1] Isaac de Laffemas, *Histoire du commerce en France,*
édit. de 1606, p. 55.

[2] « Ante ultimum civile bellum tingebatur multo melius
apud Sanctum Marcellum quam alibi ; sed adducti sunt
artifices qui tincturam tam bene faciunt et alibi quam quæ
fit in eo recessu, nec tamen utuntur alia aqua quam Sequanæ, etsi alii aiunt aquam Bibaræ dulciorem nec corro-
sivam, quamvis turbida fere est, id opus juvare, vivaciorem
enim, ideoque minus corrigibilem aquam Sequanæ experi-
mento videri, pannique, maxime purpurei, qui in Bibara
tinguntur colorem vivaciorem habent quam qui in Sequana. »
Descriptio fluminum Galliæ, p. 215.

prodigué aux militaires et aux étudiants des
vins exquis, en leur demandant seulement de
les restituer à la maison sous une autre forme [1].

Ces légendes n'avaient pas encore perdu
tout crédit à la fin du dix-huitième siècle,
comme le prouve la lettre ci-jointe, aujour-
d'hui conservée dans les archives de l'ancienne
intendance de la couronne : « Je suis las de la
vie et je suis disposé, pour en finir avec elle,
à me soumettre au régime imposé aux teinturiers des Gobelins. Pour vous donner une idée
des services que je suis en état de rendre à
l'établissement, je dois vous dire que je puis
boire par jour vingt bouteilles de vin, sans
perdre la raison. Si vous voulez me prendre à
l'essai, vous jugerez tout à votre aise de ma
capacité. » Ce qui n'est pas douteux, c'est que
l'atelier de teinture actuel a conservé sa réputation, quoiqu'il ait eu l'ingratitude bien
excusable de renier le ruisseau auquel il doit
son nom, et qu'il soit tout simplement ali-
menté par les eaux de la ville.

[1] « Parisiis, quando purpura præparatur, tunc artifices invi-
tant Germanicos milites et studiosos, qui libenter bibunt,
et ei præbent largiter optimum vinum, ea conditione ut
postea urinam reddant in illam lanam. Sic enim audivi a
studioso Parisiensi. » J. Manlius, *Libellus medicus vario-
rum experimentarum,* édit. de 1568, p. 765.

Jean Gobelin mourut en 1475. Il avait eu treize enfants. Les deux aînés, Philibert et Jean, lui succédèrent, et sa fille Mathurine épousa Séverin Canaye, un des meilleurs teinturiers de Saint-Marcel. Par sa fortune, par ses alliances, la famille Gobelin prit une place importante dans la bourgeoisie parisienne, et en 1544 Balthasar Gobelin, nommé correcteur à la chambre des Comptes, devint le chef d'une branche noble qui ne finit pas avec lui. Vers le milieu du seizième siècle, un petit-fils de Jean Gobelin fit construire sur les bords de la Bièvre une maison de plaisance, qu'il appela *la Folie Gobelin*, par allusion au premier nom qu'avait porté l'atelier de son grand-père. Rabelais raconte que «Pantagruel, quelque jour, pour se récréer de son estude, se pourmenoyt vers les faulxbourgs Sainct-Marceau, voulant veoir la follie Goubelin [1]. » A cette époque, les drapiers et les teinturiers du faubourg Saint-Marcel adoptèrent presque tous la religion nouvelle, et durant nos troubles civils, leurs maisons furent plus d'une fois menacées par la populace ameutée contre elles [2].

[1] *Pantagruel*, liv. II, chap. xv.
[2] Sur la famille Gobelin, on peut consulter, outre les

Les descendants de Jean Gobelin abandon-
nèrent peu à peu la profession qui avait illus-
tré leur nom, et achetèrent des emplois et des
titres : « Cette famille, dit Sauval, remplit les
premières charges du Parlement et des autres
cours souveraines [1]. » En 1594, une fille de
Balthasar Gobelin épousa Raymond Phély-
peaux, président au Parlement et depuis secré-
taire d'État. Le couvent des Feuillantines de
la rue Saint-Jacques reconnaissait pour fonda-
trice Anne Gobelin, veuve de Charles d'Es-
tourmel de Plainville, capitaine des gardes du
corps du roi [2]. Les derniers teinturiers du nom
de Gobelin furent Étienne et Henri. Quand
Henri, devenu seigneur de Gillesvoisin près
d'Étampes, quitta l'établissement, celui-ci était
bien déchu déjà. Isaac de Laffémas écrivait
avant 1606 : « On n'entend plus parler de ces
beaux draps d'escarlatte du fauxbourg Sainct-
Marcel depuis que la teinture en a esté délais-

ouvrages déjà cités : A.-L. Lacordaire, *Notice historique
sur les manufactures de tapisseries des Gobelins et de tapis
de la Savonnerie*, Paris, 1853, in-8°. — *Archives de l'art
français*, documents, t. VI, p. 255. — *Bulletin de la Société de l'histoire du Protestantisme français*, année 1856,
p. 489 et suiv.

[1] *Recherches sur Paris*, t. II, p. 261.

[2] Jaillot, *Recherches sur Paris*, quartier Saint-Benoit,
p. 145.

sée, et semble qu'ils soient morts avec les ouvriers pour le peu qu'il s'y en fait aujourd'hui au prix de ce qu'on en souloit faire[1]. » Jean Gluck releva cependant (vers 1655) la teinturerie française en important de Hollande un nouveau procédé pour obtenir l'écarlate, mais le vieil hôtel des Gobelins ne devait retrouver son ancienne splendeur qu'après une complète transformation. Les bâtiments et leurs dépendances, jardins, prés, bois, aulnaies passèrent entre les mains d'un conseiller au Parlement nommé Leleu. Colbert les acheta au nom du roi, le 6 juin 1662, pour la somme de 40,775 livres; il y rassembla les plus habiles ouvriers tapissiers, brodeurs, orfèvres, teinturiers, fondeurs, graveurs, lapidaires, ébénistes, et créa ainsi la *manufacture royale des meubles de la couronne,* dont le peintre Lebrun fut fait directeur.

La teinturerie fut représentée dans le nouvel établissement par un atelier. Gluck ne renonça donc pas à son industrie; il conserva la spécialité de l'écarlate, et travailla même pour la Cour, car on lit dans un compte de 1699 cette mention : « A Gluck, pour les

---

[1] *Histoire du commerce,* p. 56.

étoffes qu'il a teintes par ordre du Roy pour madame de Maintenon, 308 livres 10 sols. » Ces étoffes étaient sans doute destinées à la maison de Saint-Cyr.

L'arrêt du 14 août 1717 maintint Gluck et son associé Julienne dans « la possession où ils étoient de marquer toutes les marchandises par eux teintes, d'un plomb doré, portant d'un costé les armes de Sa Majesté et de l'autre cette inscription *Teinture royale par privilège aux Gobelins à Paris*. » Privilège qui leur fut confirmé par arrêt du 10 mai 1724.

IV

LE SEIZIÈME SIÈCLE.

Rabelais. — Les robes d'Élisabeth, fille de Henri II. — La symbolique des couleurs. — Les couleurs de François Ier, de sa sœur Marguerite, de Henri II, de Charles IX, de Henri III. — La couleur de pain bis.
Le deuil des hommes est porté en noir, celui des femmes en blanc. — Le deuil des veuves. — Anne de Bretagne porte en noir le deuil de Charles VIII. — Louis XII prend le deuil en noir à la mort d'Anne de Bretagne. — Les deuils de Cour. — Henri III porte le deuil en violet. — Les reines veuves restent enfermées durant quarante jours. — Pourquoi Catherine de Médicis enfreint cette règle. — Elle prend le deuil en noir. — Marie d'Angleterre porte en blanc celui de Louis XII.

Rabelais nous apprend que, de son temps,

les couleurs préférées pour la toilette des dames étaient les suivantes :

Blanc.	Cendré.
Rouge.	Bleu.
Écarlate.	Rouge cramoisi.
Tanné.	Violet id. [1].
Gris.	Jaune clair.
Orangé.	Noir [2].
Vert.	

De fait, quand Henri II maria sa fille Élisabeth (1559), on mit dans le trousseau vingt-trois robes qu'un historien sérieux décrit ainsi :

4 robes de drap d'or et d'argent.
4 —   toile —   —
1 —   satin blanc.
1 —   damas —
1 —   taffetas —
1 —   satin cramoisi.
1 —   damas —
1 —   velours —
1 —   — violet.
1 —   damas —
1 —   satin —

[1] Voy. ci-dessus, p. 18.
[2] *Gargantua*, liv. I, chap. LVI.

1 robe de velours noir.

1   —   satin   —

1   —   damas   —

1   —   taffetas —

1   —   satin jaune paille.

1   —   velours —   —   [1].

La symbolique de toutes ces couleurs n'a-
vait guère varié depuis le siècle précédent.
Nous savons, par exemple, que Grandgousier
choisit pour Gargantua une livrée blanche et
bleue, et son chroniqueur nous enseigne
qu'alors le blanc désignait la foi et le bleu la
fermeté [2]. La mère de Clément Marot, femme
d'un débauché, avait pris pour couleurs le
noir, le gris et le tanné.

Son fils nous le dit :

Mais les couleurs dont ses vestemens ferme,
Sans dire mot exposent ses douleurs.
Car le *noir* dict la fermeté des cueurs,
Gris le travail, et *tanné* la langueur [3].

Claude Mignault, un érudit, poète par occasion, s'est aussi exercé sur cette matière. Lui-
même nous raconte, dans sa traduction des
Emblèmes d'Alciat, qu'il employait à ce tra-

---

[1] Duc de Guise, *Mémoires*, édit. Michaud, p. 447.

[2] *Gargantua*, liv. I, chap. ix.

[3] *Poésies*, édit. de 1731, t. II, p. 412.

vail « les heures qu'*il estoit* contraint de perdre dans un bateau, voyageant plusieurs fois de Paris à Corbeil, et d'illec à Estampes, n'ayant pour lors autre chose meilleure pour passer temps et récréer *son* esprit, assez impatient de regarder seulement les mousches voleter et prendre garde d'où venoit le vent [1]. »

Il énumère ainsi les couleurs alors le plus en vogue :

Le *noir* convient au deuil, et coustumièrement
Nous nous en habillons pour un enterrement.
Le *blanc* est la couleur d'une âme sainte et pure,
Les prestres pour cela ont l'aulbe pour vesture.
Le *verd* signe d'espoir. L'espoir est dit en verd
Quand le fruit espéré en belle herbe se perd.
Le *fauve* aux amoureux convient, et aux cupides,
Aux p...... et à ceux qui d'espoir ne sont vuides.
Aussi le *rouge* sied aux gendarmes armez.
Les enfans rougissans, pour ce sont estimez.
Le *bleu* aux nautonniers et à ceux qui s'addonnent
A superstition, et trop craintifs s'estonnent.
Le *bureau* [2], l'*enfumé* sont pour les pauvres gens,
Comme sont capuchins et moines indigens.
Roux-jaune marquera la grande véhémence
D'amour, ou de celuy que le soucy offense.

[1] *Avant-propos du translateur.*
[2] Expression peu employée en ce sens et qui désignait la couleur rousse. Voy. Ducange, au mot *birrus*. — Sur les autres significations du mot bureau, voy. *La draperie,* p. 257.

Le *violet* à tous ceux qui se contentent bien,
Ou qui pour accidens ne se troublent en rien [1].

François Ier avait d'abord choisi pour couleurs le bleu, le vermeil et le tanné; il prit
ensuite le violet, le jaune et l'incarnat. Sa
sœur Marguerite adopta le blanc [2].

Henri II arbora bravement le blanc et le
noir, couleurs de Diane de Poitiers, « à cause
de la belle vefve qu'il servoit, » dit Brantôme [3].
Il porte ces deux couleurs sur le portrait
qu'a fait de lui François Clouet, et qui est au
Louvre.

J'ai dit que Catherine de Médicis eut pendant
longtemps la passion du vert. Après la mort
de son mari, elle ne quitta guère le noir [4].

La livrée de Charles IX réunissait le blanc,
le bleu et l'incarnat.

Henri III préféra associer le jaune au violet. Il avait mis en honneur le mélange des
couleurs tranchantes, alors marque distinctive
des laquais : « Un gentilhomme, aussi bien
qu'un simple valet, est habillé de huit ou dix
couleurs. Même quant aux chausses, ce n'est

---

[1] Édit. de 1584, p. 163.
[2] Brantôme, t. X, p. 413.
[3] Tome III, p. 256, et t. IX, p. 319.
[4] Brantôme, t. III, p. 255; t. VI, p. 117, et t. VII,
p. 398.

plus la coustume que le haut et le bas soyent d'une mesme couleur [1]. » Bien entendu, les gens sérieux demeuraient fidèles aux vieux usages. Les Français, écrivait Montaigne, sont « accoustumez à se biguarrer ; non pas moy, car je ne m'habille guière que de noir ou de blanc, à l'imitation de mon père [2]. »

Une des couleurs alors le plus en faveur paraît avoir été la couleur de pain bis ; elle se retrouve plusieurs fois dans l'inventaire des meubles de Gabrielle d'Estrées. Je n'en donnerai qu'un exemple : « Une robbe de satin couleur de pain bis, découpée, chamarrée de passemens trois à trois d'argent... [3] »

On sait que la jolie fille mourut à l'extrême limite du seizième siècle, en 1599. Henri IV en conçut une violente douleur, qui sembla devoir être éternelle et qui prit fin trois semaines après, à l'avènement d'une nouvelle favorite. Donc, si le galant monarque porta le deuil de Gabrielle, ce ne fut pas pour longtemps.

« Tout deuil est fait par noir, » écrit Ra-

[1] H. Étienne, *Dialogues*, t. I, p. 231.
[2] *Essais*, liv. I, chap. XXXV.
[3] *Notes sur l'inventaire de Gabrielle d'Estrées*. Dans la *Bibliothèque de l'École des chartes*, 1re série, t. III (1841), p. 159.

belais [1] ; affirmation trop absolue, comme nous
l'allons voir.

Pour les hommes, le deuil consistait en un
long et large manteau de drap noir, que l'on
quittait après la cérémonie. « Les hommes ne
portent le deuil que le jour de l'enterrement ;
le reste du temps, ils sont habillés de noir,
avec le manteau et le chapeau [2]. » Le manteau
dont il est ici question est la courte cape, toute
semblable au *collet* actuel des femmes, et qui
avait été mis à la mode par Henri III.

Au début du siècle, les femmes portaient
le deuil en blanc, usage que Montaigne re-
grettait déjà en 1570 [3]. Les veuves devaient
cacher leurs cheveux durant deux ans, et ne
sortir que couvertes d'un voile qui descendait
jusqu'aux pieds, comme les pans d'une écharpe.
« Les veuves, dit encore l'ambassadeur vénitien Lippomano, sortent voilées pendant un
certain temps, avec une robe montante, une
camisole [4] au dessus de la robe et une col-
lerette renversée sans dentelles. Dans le deuil

---

[1] *Gargantua,* liv. I, chap. x.

[2] Lettre de Jérôme Lippomano (1577). Dans les *Relations des ambassadeurs vénitiens,* t. II, p. 557.

[3] « Les dames romaines portent le deuil blanc, comme
les nôtres avoient accoustumé et devroient continuer de
faire, si j'en estois creu. » *Essais,* liv. I, chap. XLIX.

Lisez : chemisette.

de leur mère, de leur père, de leur mari, elles
ont des robes à manches ducales[1], garnies de
peau blanche, de vair ou de cygnes[2]. » La
présence du vair prouve que l'on tolérait déjà
le mélange du noir et du blanc. Tout cela
s'adoucit peu à peu. On en vint même à ad-
mettre les cottes grises, tannées, violettes,
bleues[3]. J'ai dit que la cotte était la jupe ou
robe de dessous, que laissait voir la robe de
dessus, largement ouverte par devant[4]. On
interdisait les pierreries dans les cheveux,
mais on les permettait aux doigts, à la ceinture, au livre d'heures. Après la mort de
Marie de Clèves, Henri III, qu'on peut clas-
ser parmi les femmes[5], revêtit un costume
noir, dont les aiguillettes et toutes les garnitures étaient couvertes de larmes d'argent, de
têtes de mort et d'emblèmes analogues; les
reliures exécutées pour lui, durant cette année,
en sont également ornées[6]. Ces douleurs, si

[1] Plus souvent appelées manches *à la duchesse*. Elles
étaient pendantes, et, comme le dit Lippomano, garnies de
fourrures blanches ou de cygne.
[2] *Relations*, etc., t. II, p. 557.
[3] Brantôme, t. IX, p. 637.
[4] Voy. *Les magasins de nouveautés*, p. 127 et 135.
[5] Voy. *Ibid.*, t. I, p. 145.
[6] Voy. A. F., *Les anciennes bibliothèques de Paris*,
t. II, p. 419.

lugubrement affichées, ne duraient pas longtemps, et Brantôme nous décrit ainsi l'habillement des veuves disposées à se consoler : « Au
lieu de testes de mort qu'elles portoient, ou
peintes, ou gravées ou eslevées [1], au lieu d'os
de trespassez mis en croix ou en lacs mortuaires, au lieu de larmes ou de jayet [2], ou d'or
maillé [3], vous les voyez convertir en peintures
de leurs marys, portées au cou, accommodées
pourtant de testes de mort et larmes peintes,
en chiffres, en petits lacs, bref en petites gen-
tillesses, desguisées pourtant si gentiment que
les contemplans pensent qu'elles les portent
et prennent plus pour le deuil des martyrs que
pour la mondanité [4]. »

La fin prématurée de Charles VIII jeta Anne
de Bretagne dans un tel désespoir qu'elle voulut porter son deuil en noir. « Ce fut chose
impossible à dire et à croire, raconte d'Argentré, combien ceste bonne princesse print de
desplaisir à la mort du Roy; car elle se vestit
de noir, combien que les Roynes portent le
deuil en blanc, et fut deux jours sans rien

[1] En relief.
[2] De jais.
[3] Tressé.
[4] Tome IX, p. 659. Voy. aussi p. 122 et passim.

prendre, ny manger, ny dormir une seule heure, ne respondant autre chose à ceux qui parloient à elle, sinon qu'elle avoit résolu de prendre le chemin de son mary [1]. » Afin sans doute d'attendre plus patiemment l'heure de rejoindre cet époux adoré, elle se remaria neuf mois après, jour pour jour, avec Louis XII, qui avait commencé par prendre sur le trône la place de Charles VIII.

Il faut rendre cette justice à Louis XII qu'il ne voulut pas être en reste avec sa femme, et quand il la perdit, il tint aussi, contre l'usage, à la pleurer en noir. « Il démena un tel dueil, suivant Brantôme, qu'il en cuyda mourir au bois de Vincennes. Et s'habilla fort longtemps de noir, et toute sa Court. Ceux qui venoient autrement, les en faisoit chasser; et n'eust point ouy ambassadeur, quel qu'il fust, qu'il ne fust habillé de noir [2]. » Pas moins, neuf mois après, il se remariait.

Tous ces grands désespoirs, manifestés d'une façon si théâtrale et si vite calmés, me semblent d'assez mauvais aloi. Nos anciens chroniqueurs nous en entretiennent vraiment avec trop de soin, en relatant avec trop de

[1] B. d'Argentré, *L'histoire de Bretaigne*, p. 1146.
[2] Tome VII, p. 328.

complaisance toutes les exagérations. Je suis
donc fort porté à trouver dans leurs récits
beaucoup moins l'expression d'une douleur
sincère que l'obéissance à une loi de l'étiquette, loi qui n'était pas expressément for-
mulée, mais à laquelle tout homme de Cour,
et le roi avant tous, devait obéissance.

Le dix-septième siècle aura moins de larmes
factices dans les yeux et le dix-huitième n'en
aura plus du tout. Dès le milieu du seizième,
le violet devient la couleur du deuil pour les
rois. Henri III régnait en Pologne quand on
lui annonça la mort de Charles IX, à qui il
succédait. Aussitôt « il prit le violet, sa chambre fut tendue de mesme, toute la Cour fut en
deuil; si, ajoute malignement notre vieil historien Pierre Matthieu, si deuil peut estre en
une mort qui apporte la première et plus belle
couronne du monde [1]. »

Les reines devaient rester enfermées durant
les quarante jours qui suivaient la mort de leur
mari. La règle était stricte à ce point que de
Thou blâme presque Catherine de Médicis qui
la méconnut. Il faut rappeler qu'après les obsèques de Henri II, les Guises s'étaient empa-

---

[1] *Histoire de France,* édit. de 1631, p. 390.

rés du petit François II, et l'avaient conduit à
Saint-Germain, « où ils espéroient le mieux
obséder. La reine-mère s'y rendit aussitôt,
contre la coutume des veuves des princes et des
souverains, qui demeurent renfermées dans
leur appartement les premiers quarante jours
de leur veuvage [1]. »

Catherine avait aussi porté le deuil de
Henri II en noir, bien que Marie d'Angleterre,
la jeune veuve de Louis XII, fût revenue à la
tradition. En effet, une chambre de l'hôtel
de Cluny où elle s'était retirée est encore appelée *chambre de la reine blanche* [2].

Brantôme dit de Marie Stuart que « dans
son grand deuil blanc, la faisoit très beau
voir [3], » et Lestoile raconte que Henri III, arri-
vant à Paris, alla saluer « la roine blanche [4] : »
c'était Élisabeth d'Autriche, la veuve de
Charles IX.

---

[1] *Historiarum sui temporis liber* XXIII.
[2] E. du Sommerard, *Notice sur le palais des Thermes et sur l'hôtel de Cluny*, p. VI.
[3] Tome VII, p. 408.
[4] Au 27 février 1575.

V

LE DIX-SEPTIÈME SIÈCLE.

La mode exige le bariolage des couleurs. — Les couleurs en vogue, suivant d'Aubigné. — Les couleurs principales et leurs dérivés, d'après Étienne Binet, Jean de Comna, François Pomey. — Colbert réorganise le métier des teinturiers. — Ils sont divisés en trois corporations distinctes. — Statuts, privilèges, spécialité des teinturiers *du grand et bon teint,* des teinturiers *du petit teint,* des teinturiers *en soie, fil et laine.* — Les dégraisseurs. — Les calandreurs. — La Seine contaminée par les teinturiers. — La rue des Teinturiers. — Les trois classes de teinturiers réunies en une seule. — Bureau, armoiries, méreaux de la corporation.
Le manteau et le chaperon de deuil. — Deuil du roi en violet. — Deuil des femmes en blanc. — Deuil des veuves. — Ce que l'on appelait *draper.* — Pourquoi les cardinaux ont cessé de draper. — Le deuil d'Anne d'Autriche. — Le deuil devient moins sévère. — Les femmes associent le gris au noir. — Les grisettes.

Au début du seizième siècle, les teinturiers de Paris teignaient chaque année environ six cent mille pièces de drap; ce nombre était tombé à cent mille vers 1604 [1]. C'était le résultat des guerres étrangères et des guerres reli-

---

[1] Laffemas, *Recueil de ce qui s'est passé en l'assemblée du commerce au Palais.* Dans Cimber et Danjou, *Archives curieuses,* 1re série, t. XIV, p. 244. — Ce passage ne figure pas dans l'édition originale de 1604.

gieuses qu'avait subies la France sous les cinq
derniers Valois. Après l'avènement de Henri IV
la confiance reparut, une réaction se produi-
sit, et l'industrie revit des jours prospères [1].
Les teinturiers prirent alors leur revanche, on
peut même dire qu'ils abusèrent de la victoire.
Le costume des femmes était devenu fort compliqué. Le vertugadin [2] commençait à disparaître ; il avait été remplacé par trois ou
quatre jupes superposées, et la mode exigeait
que chacune de ces pièces fût d'une couleur
différente. Aussi, dans la première moitié du
règne de Louis XIV, les vieilles personnes dataient parfois leurs anciens souvenirs « du
temps où l'on s'habilloit en couleur [3]. » L'austère d'Aubigné s'est moqué avec esprit des
ridicules bariolages qu'il avait sous les yeux,
et il nous fournit une énumération, un peu
fantaisiste sans doute [4], des diverses nuances
créées par les teinturiers pour satisfaire les exigences chromatiques des belles parisiennes.
Leur nom, comme on va le voir, ne sont pas
tous du meilleur goût :

[1] Voy. G. Fagniez, *L'industrie en France sous Henri IV*,
1883, in-8°.
[2] Voy. *Les magasins de nouveautés*, t. I, p. 233 et suiv.
[3] Tallemant des Réaux, *Historiettes*, t. I, p. 217.
[4] Voy. pourtant ci-dessous, p. 111 et suiv.

Bleu turquoise.

Orangé.

Feuille-morte.

Isabelle.

Zizolin [1].

Couleur de Roi [2].

Minime [3].

Triste-amie.

Ventre de biche ou de nonnain.

Amarante.

Nacarat.

Pensée.

Fleur de seigle.

Gris de lin.

Gris d'été.

Pastel.

Espagnol malade.

Céladon.

Astrée.

Face grattée.

Couleur de rat.

Fleur de pêcher.

Fleur mourante.

Vert naissant.

Vert gai.

Vert brun.

Vert de mer.

Vert de pré.

Vert de gris.

Merde d'oie.

Jaune paille.

Jaune doré.

Couleur de Judas.

Couleur de vérolé.

Couleur d'aurore.

Couleur de serin.

Écarlate.

Rouge sang de bœuf.

Couleur d'eau.

Couleur d'ormus.

Argentin.

Singe mourant.

Couleur d'ardoise.

Gris de ramier.

Gris perle.

Bleu mourant.

Bleu de la fève.

Gris argenté.

Merde d'enfant.

Couleur de selle à dos [4].

Couleur de veuve réjouie.

Couleur de temps perdu.

---

[1] Zinzelin. Violet rougeâtre.

[2] Voy. ci-dessous, p. 83.

[3] Voy. ci-dessous, p. 77.

[4] « Couleur difficile à deviner. Ce n'est pas la couleur céladon, déjà citée, dont le nom aurait été ainsi estropié.

Fiamette[1].
Couleur de soufre.
Couleur de la faveur.
Couleur de pain bis.
Couleur de constipé.
Couleur de faute de pisser.
Jus de nature.
Singe envenimé.
Ris de guenon.
Trépassé revenu.
Espagnol mourant.
Couleur de baise-moi, ma mignonne.
Couleur de péché mortel.
Couleur de cristallin.
Couleur de bœuf enfumé.
Couleur de jambon commun.
Couleur de souci.
Couleur de désirs amoureux.
Couleur de racleurs de cheminée[2].

Étienne Binet, un jésuite qui eut le titre de prédicateur du roi, nous apprend que « les principales couleurs sont quatre, revenant aux quatre élémens dont tout se bastit :

Le *noir*, approprié à la terre, et parmi les métaux au plomb ou Saturne.

Le *blanc*, à l'eau, à l'argent vif et à l'estaim.

Le *bleu*, à l'air et à l'argent.

Le *rouge*, au feu et à l'or.

Peut-être est-elle empruntée de l'écume qui couvre le dos d'un cheval qu'on vient de desseller? Ou plutôt n'est-ce pas une corruption du mot espagnol *azuleado*, bleuâtre? Céladon a, je pense, la même étymologie. » *Note de l'édition Mérimée*, p. 21.

[1] « Couleur rouge qui imite celle du feu clair. » *Dictionnaire de Trévoux*.

[2] *Les aventures du baron de Fœneste*, liv. I, chap. II.

De la mixtion desquelles on fait un million de couleurs moyennes[1]. »

Jean de Comna[2] reconnaît deux couleurs principales, le blanc et le noir. « Le blanc et le noir, écrit-il, sont les extrémités des couleurs, et les autres les moyennes. » On comprend que ces dernières doivent être singulièrement nombreuses. Il les détaille ainsi :

NOIR ......
- poix et charbon.
- noir obscur ou gris enfumé.
- gris noir.
- brun ou basané.
- tanné ou minime[3].
- bay, chastain ou chastagné en parlant des chevaux.
- noir bleu.

BLEU ......
- hyacinthe.
- violet.
- bleu brun ou couleur de plomb.
- pers[4].
- azur ou bleu céleste.
- bleu grisâtre ou vert gris, comme les yeux des chats.

---

[1] *Essay des merveilles de la nature et des plus nobles artifices,* chap. XLV, p. 387. Binet publia ce livre sous le nom de René (bis natus) François. La première édition est de 1621, et fut suivie de plus de vingt autres. Je cite la onzième, publiée en 1639.

[2] Joannes Comenius.

[3] Brun marron, couleur du vêtement que portaient les religieux franciscains, dits Minimes.

[4] Voy. ci-dessus, p. 10.

Verd . . . . . .
- verd de mer.
- verd brun ou verd de porreau.
- verd gai ou couleur d'herbe.

Rouge . . . . .
- couleur de Roy [1] ou jaune brunâtre.
- roux ou roussâtre.
- rouge pourprin ou violet pourpré.
- escarlatte faite de graine d'escarlatte.
- pourpre.
- couleur de feu ou fiammette.
- couleur de sang ou rouge comme sang.
- incarnat ou couleur de rose.

Jaune . . . . . .
- couleur de saffran.
- orangé.
- couleur de citron.
- blond ou jaune blanchâtre.
- jaunâtre ou jaune blafard et morne.
- jaune obscur tirant sur le brun.
- rouan ou rubican en parlant d'un cheval.
- jaune comme cire.
- couleur d'enfer ou noir brun enfumé.
- clair jaune ou jaune rougissant.
- paillet.
- brique à demy cuite.

[1] Voy. ci-dessous, p. 83.

BLANC ....

incarnat pâle et blanchâtre ou couleur de chair.

gris.

gris cendré.

feuille morte.

fauve, en parlant des bestes.

pasle ou blesme et blaffard.

blanc comme lait.

blanc comme neige.

pers ou blanc verdâtre.

chenu ou gris blanc.

blanc reluisant.

couleur d'eau ou l'azur.

blanc comme yvoire.

albastrin ou blanc comme albastre [1].

Plusieurs nuances fort employées, qui manquent dans cette énumération, me sont fournies par François Pomey, auteur d'un curieux volume dont la première édition parut en 1667 et qui a pour titre : *Indiculus universalis...* *L'univers en abrégé, où sont contenus en diverses listes presque tous les noms des ouvrages de la nature, de toutes les sciences, de tous les arts, avec leurs principaux termes* [2].

J'y relève les noms suivants :

[1] *Janua linguarum,* traduction française de 1661, titre XXVI, p. 144.

[2] Français-latin. Je cite l'édition de Lyon, 1679, p. 65.

Amaranthe.

Aurore.

Cerise.

Chamois.

Colombin.

Feu.

Cramoisy.

Gris.

— brun.

— cendré.

— de lin.

— de perle.

Grièche.

Isabelle.

Laque.

Musc.

Noir clair.

Orangé.

Olive.

Pensée.

Pêcher.

Cou de pigeon.

Rouge obscur.

— brun.

— éclatant.

— vermillon.

Rose sèche.

Soufre.

Vert d'émeraude.

Si nous passons des couleurs à ceux qui les composaient et les mettaient en œuvre, nous constatons d'abord qu'aucune branche de l'industrie parisienne ne préoccupa Colbert plus que la teinturerie. Il n'épargna rien pour la relever du discrédit où elle était tombée, et s'il n'y réussit pas complètement, la faute en est non à lui, qui poursuivit ce but avec son opiniâtreté ordinaire, mais à l'impéritie, à la faiblesse de ses successeurs.

C'est du mois d'août 1669 que sont datés les premiers statuts rédigés par les soins de Colbert. Ils confirment la division des teinturiers en trois communautés distinctes, ayant

chacune ses règlements et ses officiers particuliers :

1° les *teinturiers du grand et bon teint;*

2° les *teinturiers du petit teint;*

3° les *teinturiers en soie, fil et laine.*

Cette classification, déjà ancienne à Paris,
n'était plus observée depuis longtemps. Elle
fut régularisée par l'*Instruction générale* du
18 mars 1671 [1], véritable manuel du teinturier [2], où sont fidèlement exposés tous les
secrets du métier [3], et où l'on s'étonne de
rencontrer, au milieu des règles les plus claires
et les plus pratiques, des divagations qui
semblent un lointain souvenir de la science
hermétique [4].

---

[1] *Instruction générale pour la teinture des laines et manufactures de laines de toutes couleurs, et pour la culture
des drogues et ingrédiens qu'on y employe.* Paris, 1671,
in-4°. Réimprimée dans les *Réglemens concernant les manufactures et teintures des étoffes.* Paris, 1723, 3 in-12, t. I,
p. 321.

[2] « Il y en a qui diront peut-être contre cette instruction
qu'elle est trop exacte et qu'elle découvre trop les secrets
de la teinture, dont les étrangers pourront profiter. Mais
comme il est impossible d'instruire autrement les François,
et qu'on ne sauroit être trop exact pour empêcher le mal et
pour procurer le bien... » *Prolégomènes,* p. 324.

[3] « On fait dans la teinture cinq sortes de couleurs simples, matrisses ou premières, dont toutes les autres dérivent
ou sont composées. Ces couleurs sont le bleu, le rouge, le
jaune, le fauve et le noir. » Art. 1 et 2.

[4] Voici, par exemple, comment est rendue cette idée, peu

I. TEINTURIERS DU GRAND ET BON TEINT.

Ils avaient seuls le droit de teindre, en toutes couleurs et en toutes nuances solides, les étoffes de laine ayant au moins une aune un tiers de largeur [1], et dont le prix dépassait vingt sous l'aune [2]. Les statuts d'août 1669 [3] donnent la liste des ingrédients que devront employer exclusivement les teinturiers du bon teint. Ils leur défendent d'en posséder d'autres

compliquée, qu'on peut toujours finir par teindre en noir une étoffe d'autre couleur : « Comme les quatre premières couleurs simples, qui sont le bleu, le rouge, le jaune et le fauve, peuvent être comparées aux quatre élémens, les trois premières aux transparans et lucides, et le dernier à l'opacité de la terre ; de même le noir peut être comparé à la nuit et à la mort, puisque toutes les autres couleurs se brunissent et s'ensevelissent dans le noir. Mais comme la mort donne la fin à tous les maux de la vie, il est aussi nécessaire que le noir donne la fin à tous les défauts des couleurs qui arrivent par le manque du teinturier ou de la teinture, ou de l'usage qui change suivant le tems et le caprice des hommes. Par ainsi, n'étant pas ni raisonnable ni utile au public qu'une étoffe qui manquera de débit faute de couleur, demeure la proye du ver et de la teigne dans un magasin, pendant qu'on peut la vendre en la faisant teindre en noir... » Art. 195 et 196.

[1] *Statuts de* 1669, art. 8.
[2] *Instruction générale,* art. 71, 72 et 73.
[3] *Statut et règlement général pour les teintures en grand et bon teint des draps, serges et étoffes de laine qui se manufacturent dans le royaume de France.* Tours, 1707, et Paris, 1732, in-4°.

chez eux[1], et indiquent par quels procédés seront obtenues les couleurs suivantes :

Écarlate rouge[2].
— des Gobelins[3].
— incarnate cra-moisie[4].
— violette.
— pourpre.
— amarante.
— rose sèche.
— pensée.
— gris de lin.
— passe velours.
— gris brun sur brun.
— gris lavandé.
— — argenté.
— — vineux.
— — blanc.
— — de ramier.
— — d'ardoise.

Gris brun.
— minime[5].
— tanné.
— de perle.
— de castor.
Couleur de roi.
— de prince[6].
Vert herbu.
— gai.
— naissant.
— jaune.
— de mer.
Céladon.
Rouge de garance.
— cramoisi.
Incarnat de rose.
— de chair.
Fiamette.
Fleur de pêcher.

[1] Article 5.
[2] Sur l'écarlate, voy. ci-dessus, p. 16.
[3] L'écarlate dite *ancienne, de France* ou *des Gobelins* était obtenue au moyen de la graine d'écarlate pure, originaire du Languedoc ou de la Provence. Art. 22.
[4] L'écarlate *incarnate cramoisie* provenait de la cochenille. Art. 14.
[5] Voy. ci-dessus, p. 77.
[6] « De la nuance du bleu et de celle du rouge écarlate de France se compose la couleur de Roy, couleur de Prince et amarante. » *Instruction générale* de 1671, art. 45.

Fleur de pommier.
Orangé.
Isabelle.
Aurore.
Gingerlin [1].
Jaune doré.
Couleur de tuile.
— chamois.
Pelure d'oignon.
Bleu brun.
— clair.
Jaune pâle.
Jaune citron.
— soufre.
Couleur d'olive.
Feuille-morte.
Couleur de cheveux.
— musc.
— noisette.
Nacarat.
Noir.
Gris souris.
Triste amie.

Défense expresse est faite à tout teinturier de reteindre en noir aucune étoffe blanche, à peine d'interdiction de la maîtrise, de confiscation des étoffes, et de 500 livres d'amende pour chaque contravention [2].

Chaque maître ne pouvait avoir à la fois plus de deux apprentis [3].

L'apprentissage durait quatre années « entières et consécutives. » Il était suivi de trois années de compagnonnage [4].

Avant de délivrer à l'apprenti son brevet

[1] Nuance obtenue avec le rouge de garance. C'est celle que d'Aubigné nomme *zizolin*. Le *Règlement général de* 1671 écrit *ginjolin* (art. 35.)

[2] Article 12.

[3] Article 45.

[4] Article 44.

d'apprentissage, le maître devait lui faire subir une épreuve, « une expérience, » en présence du juré en charge[1].

Si l'apprenti quitte son maître, celui-ci a le droit de « le faire arrêter partout où il se trouvera, pour lui faire parachever son temps. » Il peut aussi le sommer de reprendre son service, et un mois après cette mise en demeure l'apprenti est rayé de la communauté et le maître est autorisé à le remplacer. Si l'apprenti s'engage ensuite dans une autre maison, le temps qu'il a passé chez son premier maître ne lui est point compté[2].

Un maître ne peut congédier son apprenti « sans cause légitime, jugée telle par le juge de police. » Si le maître quitte la ville, l'enfant est placé dans un autre atelier[3].

Tout compagnon, avant d'être admis à la maîtrise, doit parfaire le *Chef-d'œuvre*, savoir : « Mettre dans une cuve quatre balles de pastel, pour le préparer et en tirer la teinture de bleu que ledit pastel produit, depuis la nuance la plus brune jusques à la plus claire, et l'appliquer sur des étoffes de draperie. »

---

[1] Article 45.
[2] Article 46.
[3] Article 47.

Ce *Chef-d'œuvre* était fait aux frais du candidat, qui fournissait la couleur, et devait rembourser le prix de l'étoffe lorsque celle-ci était gâtée par lui. L'opération devait être terminée en six jours ; le travail était jugé par le juré en charge assisté de deux maîtres [1].

Le fils de maître était tenu seulement de l'*Expérience*, qui durait deux jours [2].

Les veuves de maître pouvaient continuer l'industrie de leur mari, mais non engager un nouvel apprenti [3].

Le compagnon qui épousait une veuve ou une fille de maître était dispensé d'achever son compagnonnage, mais il ne pouvait être reçu à la maîtrise qu'après *Chef-d'œuvre* [4].

La corporation était administrée par un juré, élu pour un an à la pluralité des voix. Dans la quinzaine qui suivait son élection, il devait faire appliquer sur quatre morceaux de ratine, fournis par la communauté des drapiers, les couleurs suivantes :

---

[1] Articles 49 et 50.

[2] Article 52. — L'*Instruction générale* de 1671 n'exige des fils de maître que deux années d'apprentissage et deux années de compagnonnage, encore peuvent-ils les passer chez leurs parents (art. 85.)

[3] Article 54.

[4] Article 55.

Écarlate rouge.	Rouge cramoisi.
Noir de garance.	Couleur de pensée.

puis teindre douze morceaux de drap, en :

Noir de garance.	Incarnat.
Minime.	Colombin.
Rouge de garance.	Couleur de rose.
Couleur de prince.	Vert gai.
Écarlate rouge.	Bleu turquin.
Rose sèche.	Violet.

Ces morceaux étaient ensuite coupés en deux. Une moitié restait au bureau de la communauté, l'autre était remise aux jurés de la draperie « pour servir de fonds d'échantillons de la bonne teinture dans la vérification des fausses ou véritables teintures des mêmes couleurs[1]. »

Le juré de la corporation et un maître drapier désigné à cet effet devaient faire de fréquentes visites chez les teinturiers, pour s'assurer de la bonne qualité des ingrédients employés par eux et de la stricte observation des statuts[2].

Les amendes infligées pour infractions auxdits statuts étaient réparties ainsi : moitié au roi, un quart au drapier ou au juré teinturier

---

[1] Article 4.
[2] Articles 38, 39 et 43.

auteur de la saisie, un quart aux hôpitaux [1].

Comme il ne se trouvait alors à Paris que trois teinturiers du bon teint, trois autres teinturiers furent admis à faire le « *Chef-d'œuvre de la bonne et grande teinture,* » et après cette formalité incorporés dans la communauté [2].

L'*Instruction générale* du 17 mars 1671 augmenta d'une année la durée du compagnonnage [3], mais elle fut de nouveau fixée à trois ans par les lettres patentes du 29 janvier 1737 [4].

Ces lettres patentes portent, en outre, à deux le nombre des jurés [5].

Elles reviennent sur l'épreuve imposée à l'apprenti qui voulait passer compagnon. Cette épreuve devait avoir lieu en présence des jurés et de deux maîtres qui tous, ainsi que l'apprenti, signaient le procès-verbal dressé à cette occasion [6]. Si l'épreuve réussissait, le jeune homme payait trente sous aux jurés et

[1] Article 61.
[2] Article 1.
[3] Article 84.
[4] *Lettres patentes du Roy sur le règlement fait et arrête le 15 janvier 1737 pour la teinture des étoffes de laine et des laines servant à leur fabrication,* in-4° ; art. 85.
[5] Article 13.
[6] « S'ils sçavent écrire, » ajoute l'article.

« étoit enregistré sur le livre des compagnons. » Mais si les juges ne se déclaraient
pas satisfaits, l'apprenti restait une année de
plus chez son maître. Ce temps écoulé, il subissait une nouvelle épreuve, et quand elle n'obtenait pas plus de succès que la précédente, il
était « réputé incapable de parvenir au compagnonnage[1]. » J'insiste sur cet examen,
parce qu'il n'était exigé que dans un très petit
nombre de corporations, les drapiers de soie[2]
et les couvreurs[3] par exemple.

La simplification du *Chef-d'œuvre* est, au contraire, une mesure générale à cette époque,
où l'ouvrier était devenu à la fois plus exi-
geant et moins habile. Les lettres patentes
de 1737 ne lui demandent plus que d'« as-
séoir une cuve composée de pastel et d'indigo
ou de voüede[4] et d'indigo, de mettre cette cuve
en estat, et d'y teindre en bleu pers une pièce
de drap ou de serge[5]. »

---

[1] Article 86.
[2] Statuts de 1667, art. 20.
[3] Statuts de 1566, confirmés en 1635, art. 2.
[4] Pastel spécial que l'on récoltait dans la Normandie.
[5] Article 91.

II. TEINTURIERS DU PETIT TEINT.

Colbert ne fit pas pour eux de règlement spécial. Leurs statuts sont compris dans ceux qui furent donnés, en août 1669, aux teinturiers du bon teint et dans l'*Instruction générale* du 18 mars 1671.

Les teinturiers du petit teint ne pouvaient teindre que des étoffes communes, du prix maximum de vingt sous l'aune[1], et des doublures n'excédant pas le prix de trente sous l'aune[2]. Ils avaient cependant le droit de teindre toutes étoffes « de quelque prix, bonté, fabrique et qualité qu'elle fût, » pourvu qu'elles eussent été d'abord guédées ou garancées par un teinturier du bon teint[3]. Il leur était enfin permis de teindre et reteindre les vieux habits et les étoffes défraîchies[4]. En général leurs teintures, dites teintures fausses, ne supportaient pas le savonnage à l'eau chaude.

Dans l'origine, on les nommait *biseurs, répa-*

---

[1] L'article 30 des statuts de 1669 fixait le maximum à quarante sous.

[2] *Instruction générale,* art. 67 et 74.

[3] *Ibid.,* art. 78.

[4] Art. 79.

reurs ou *teinturiers de Georget*. Les mots *bisage*
ou *réparage* désignaient l'action de reteindre
une étoffe, en lui donnant une couleur différente de la première qu'elle avait reçue. Quant
au nom de Georget, c'était celui d'un teinturier de Paris qui excellait dans l'art de
reteindre les étoffes.

L'*Instruction générale* énumère les ingrédients que pouvaient employer les teinturiers
du petit teint, et elle leur défend d'en posséder d'autres [1]. Elle indique également les drogues permises aux deux classes de teinturiers [2]
et celles qui leur sont interdites. Parmi ces
dernières figurent le brésil, le rocou, le safran
bâtard, le tournesol, l'orcanette, la limaille
de fer et de cuivre, l'écorce d'aune, etc. [3]

Les couleurs accordées aux teinturiers du
petit teint sont entre autres :

Ventre de biche.	Petit minime.
Couleur de cannelle.	Gris blanc.
Couleur d'alise.	— de perle.
Pain bis.	— de souris.
Triste amie.	— de castor.
Couleur de musc.	— de bréda.
Couleur de châtaigne.	— d'eau.

[1] Articles 80 et 118.
[2] Articles 119 et 120.
[3] Article 121.

Gris vineux.   Gris de lin.
— de ramier.   Couleur d'ardoise.
— plombé.   Couleur de sylvie.
— d'ours.   Fleur de pêcher [1].
— noir.

Le nombre des maîtres était fixé à douze.

L'apprenti devait passer quatre ans chez un teinturier du grand ou du petit teint, puis faire trois ans de compagnonnage chez un des seconds.

Les candidats à la maîtrise étaient tenus de parfaire le *Chef-d'œuvre*, qui est ainsi décrit : « Teindre quatre pièces, savoir : deux pièces de drap qu'il sera obligé de mettre en noir, l'une après que le teinturier du bon teint lui aura donné le pied [2] du guède et de la garance, et l'autre lorsque le même teinturier lui aura donné le pied du guède simplement ; et deux pièces de petites étoffes qui n'excéderont pas vingt sols l'aune, qu'il sera aussi obligé de teindre, l'une en gris de castor et l'autre en pain bis, sans aucune participation du bon teint [3]. »

Pour les fils du maître, l'apprentissage et le

---

[1] Articles 74 et 75.

[2] Première couleur dont on charge une étoffe avant de la teindre en une autre couleur.

[3] Article 86.

compagnonnage étaient réduits chacun à deux
ans, passés au service de leur père. L'*Expérience* qui leur était imposée consistait uniquement à « teindre une pièce de drap noir
ou une pièce de petite étoffe, à leur
option [1]. »

On exigeait seulement cette *Expérience* des
compagnons qui épousaient une fille de
maître [2].

Un seul juré administrait la communauté.

Les lettres patentes de janvier 1737 fixèrent
à deux le nombre des jurés [3]. Elles supprimè-
rent l'obligation du compagnonnage [4], et mo-
difièrent le programme du *Chef-d'œuvre*. Dès
lors, on demanda seulement au candidat de
« noircir une pièce de drap qui aura été précédemment guédée par le teinturier du grand et
bon teint. En outre, de teindre deux pièces
de petites étoffes, dont le prix n'excédera pas
quarante sols par aune, l'une en gris de castor
et l'autre en pourpre [5]. »

L'article 79 de l'*Instruction générale* qui

---

[1] Article 86.
[2] *Ibid.*
[3] Article 13.
[4] Article 87.
[5] Article 92.

attribuait aux teinturiers du petit teint le droit de reteindre les vieux habits et les vieilles étoffes leur avait fait donner le nom de *dégraisseurs* ou *détacheurs*. Ils ne possédaient point, d'ailleurs, le monopole du dégraissage. Les chapeliers dégraissaient eux-mêmes les chapeaux, de même qu'ils les teignaient; et quand il ne s'agissait que d'enlever les taches faites à un vieil habit ou à une vieille étoffe, c'était presque toujours aux fripiers que l'on s'adressait. La *Taille de* 1300 cite un *laveeur de robes*, qui très probablement appartenait à cette dernière corporation[1]. M. Fagniez a publié l'extrait d'un arrêt de juin 1410 qui « condamne Jehan Ysart, frepier, à rendre et restituer à Jehan du Pré, fauconnier de Mons. de Moncauquier, une robe rouge doublée de blanchet[2] qu'il lui avoit baillée pour relaver[3]. » C'est encore de la communauté des fripiers que dépendaient les dégraisseurs ambulants qui, au seizième siècle, parcouraient les rues en offrant leurs services :

---

[1] *Le ménagier de Paris* (1393) indique les procédés alors employés dans les ménages bourgeois pour enlever les taches faites sur les étoffes, pour les préserver des vers durant l'été, etc. Voy. le t. II, p. 65.

[2] Drap de laine blanche.

[3] *Études sur l'industrie,* p. 410.

A la malle tache,
La sueur du bonnet gras !
A profiter voluntiers tasche,
Et si je n'en suis pas plus gras ! [1]

Une ordonnance de juin 1700 força les
« teinturiers, dégraisseurs et autres ouvriers
qui sont obligez de se servir de l'eau de la
Seine pour leurs ouvrages, à se pourvoir par-
devers les Prévost des marchands et Éche-
vins, afin de leur accorder permission d'avoir
des bateaux, et de marquer les lieux où ils
peuvent les placer sans incommodité de la
ville et sans empêcher le cours de la naviga-
tion[2]. »

III. TEINTURIERS EN SOIE, LAINE ET FIL.

Ces teinturiers étaient considérés comme
teinturiers du grand teint, et on leur attribuait
parfois ce nom. Ils pouvaient, en effet, teindre plusieurs des étoffes réservées aux teinturiers du grand teint; mais en général ils se
bornaient à la teinture de la soie, de la laine,
du fil et du coton filés.

---

[1] *Les cent et sept cris que l'on crie journellement à
Paris,* etc. — Sur l'explication des mots *malle tache.* Voy.
L'annonce et la réclame, p. 163.
[2] Delamarre, *Traité de la police,* t. I, p. 176.

Ce qui les distinguait surtout des teinturiers du bon teint, c'est que, bien que for-
mant une seule corporation, les maîtres étaient
tenus d'adopter une spécialité, et de se livrer
exclusivement à la teinture ou de la soie, ou
de la laine, ou du fil[1].

Leurs statuts, rédigés par les soins de Colbert, sont aussi datés du mois d'août 1669[2].

Les teinturiers en soie pouvaient vendre
« toute sorte de soyes crues ou teintes, fleuret[3], capiton[4], trames et autres généralement
quelconques[5]. »

Les teinturiers en laine étaient autorisés à
« vendre des laines teintes[6], » à « blanchir
toutes sortes de toiles de lin, coton, chanvre,
fil, camelots, serges, ratines et étamines neuves ou vieilles, bas d'estame[7], comme aussi de
vendre des canevas de toutes sortes de largeur pour faire des tapisseries seulement[8]. »

---

[1] Article 1.
[2] *Statuts, ordonnances et réglemens que Sa Majesté veut
être observez par tous les marchands Maîtres Teinturiers
en soye, laine et fil des Villes et Bourgs de son Royaume.*
Paris, 1669 et 1732, in-4°.
[3] Bourre de soie.
[4] Bourre de soie de qualité inférieure.
[5] Article 86.
[6] *Ibid.*
[7] Voy. plus loin la notice consacrée aux *Bonnetiers.*
[8] Article 55.

Les teinturiers en fil avaient le droit de « vendre du fil de lin, chanvre, coton, fil à marquer, fil à sangle, etc. [1] »

Chaque maître ne devait avoir à la fois plus de deux apprentis [2].

« Et parce que la teinture est un art qui ne se peut apprendre que par un long-temps, » la durée de l'apprentissage était fixée à quatre ans. Il était suivi de deux ans de compagnonnage [3].

L'apprenti, avant de passer compagnon, subissait une épreuve semblable à celle qui était imposée aux apprentis du grand teint [4].

Les candidats à la maîtrise devaient parfaire le *Chef-d'œuvre*, qui consistait à « asseoir [5] une cuve d'inde [6] ou fleuret [7], la bien user et tirer jusques à ce que ledit *Chef-d'œuvre* soit entièrement accompli, ce qui se fera pendant cinq ou six jours au plus [8]. »

On ne demandait aux fils de maître qu'une

---

[1] Article 86.
[2] Article 90.
[3] Articles 83 et 90.
[4] Article 90.
[5] Préparer.
[6] Voy. ci-dessus, p. 16.
[7] Variété de pastel.
[8] Article 92.

facile *Expérience*, qui durait deux jours seulement [1].

Les veuves pouvaient « continuer le négoce
et art de la teinture tout ainsi que pouvoient
faire leur défunt mari, sans pouvoir néanmoins faire aucuns aprentifs, mais seulement
faire achever en leur maisons ceux passez [2]
et commencez par leur défunt mari. » Si elles
quittaient la corporation, les jurés plaçaient
les apprentis dans d'autres maisons [3].

La communauté était administrée par quatre jurés, dont deux étaient choisis parmi les
teinturiers en soie, un parmi les teinturiers en
laine et le dernier parmi les teinturiers en
fil [4]. Chacun d'eux devait faire annuellement
au moins quatre visites générales [5]. Ils étaient
eux-mêmes visités par deux maîtres élus à cet
effet en même temps que les jurés [6].

Les jurés se réunissaient au bureau de la
corporation « une fois par semaine et plus
souvent s'il est nécessaire, pour conférer des
affaires de la communauté, oüir les plaintes

[1] Article 93.
[2] Engagés.
[3] Article 93.
[4] Article 2.
[5] Article 3.
[6] Article 2.

et dénonciations qui leur seront faites par les maîtres, veuves de maîtres, compagnons ou apprentifs dudit état touchant le fait d'icelui, pour être réglez par lesdits jurez en charge à l'amiable s'il leur est possible [1]. »

Les titres concernant la corporation étaient conservés dans un coffre fermant à deux clefs. La première appartenait à l'un des jurés teinturiers en soie, la seconde passait alternativement d'année en année des mains du juré teinturier en laine aux mains du juré teinturier en fil [2].

Les dispositions suivantes s'appliquaient aux trois classes de teinturiers.

Deux teinturiers dépendant de la même corporation ne pouvaient loger dans la même maison [3].

Les apprentis et les compagnons convaincus d'avoir volé leur maître étaient exclus à jamais de la maîtrise [4].

Les teinturiers du bon teint pouvaient seuls

[1] Article 95.
[2] Article 96.
[3] *Statuts de* 1669, grand teint, art. 2. — *Lettres patentes de* 1737, art. 18.
[4] *Statuts de* 1669, grand teint, art. 87 ; soie, laine et fil, art. 91.

posséder chez eux une calandre [1]; les autres devaient se contenter d'une presse [2].

Des lettres patentes d'octobre 1673 ordonnèrent que les teinturiers logés rue de la Tannerie « et dans les autres quartiers de Paris sur les bords de la rivière se retireroient dans un an dans le fauxbourg Saint-Marcel, Chaillot et autres lieux qui seroient pour eux indiquez [3]. » Les teinturiers refusèrent d'obéir. Ils représentèrent au roi qu'ils étaient « en possession

---

[1] *Statuts de* 1669, art. 86.

[2] La *Taille de* 1292 cite 2 *Calendreeurs, Kalendreeurs* ou *Qualandreeurs;* celle *de* 1300 en mentionne 6, et une pièce du quatorzième siècle publiée par Depping (*Ordonnances relatives aux métiers,* p. 426) nous apprend que les maîtres calandreurs étaient exempts du service du guet. Une des rues de la Cité portait alors le nom de *rue de la Calandre,* et elle le devait, dit Jaillot (*Quartier de la Cité,* p. 35), à la présence de quelques calandreurs; cependant les *Tailles de* 1292 et *de* 1313 n'en indiquent aucun parmi les habitants de cette rue.

Dans la suite, les teinturiers seuls purent calandrer. Leurs calandres n'avaient que des tables de bois.

Au dix-septième siècle, on appelait *Calandre royale* une calandre construite par les ordres de Colbert, et qui était installée rue du Cimetière Saint-Nicolas, dans une maison qui passait pour avoir été habitée par Gabrielle d'Estrées. Cette calandre avait sa plaque supérieure en cuivre et l'inférieure en marbre.

Une seconde *Calandre royale,* munie de deux tables d'acier poli, fut établie dans la rue Louis-le-Grand par lettres patentes de 1748.

[3] Delamarre, *Traité de la police,* t. I, p. 555.

immémoriale de laver et nétoyer les soyes,
laines et autres choses qu'ils teignent, dans les
endroits de la rivière les plus proches de leur
demeure, soit sur des bateaux qui leur appartiennent, soit sur des bancs qu'ils mettent dans
la rivière,... qu'ils souffriroient un préjudice
considérable par les dépenses ruineuses auxquelles ils seroient engagés, si des extrémitez
de Paris où quelques-uns demeurent, on les
obligeoit d'aller laver leurs marchandises vis-
à-vis le cours de la Reyne et le village de
Chaillot. » En somme, ils firent si bien qu'une
ordonnance du 10 juillet 1697 leur donna
gain de cause. Elle autorisa, non seulement
les teinturiers, mais encore les fripiers, les
dégraisseurs, les mégissiers, les plumassiers,
les bouchers, les tripiers « et autres à laver
et nettoyer leurs marchandises dans la rivière,
comme ils ont fait par le passé, aux lieux et
en la manière accoûtumé [1]. » On devine quelle
eau limpide continua de couler sur les bords
fleuris ou non qu'arrose la Seine. Aussi, cinq
ans après, les bourgeois se fâchèrent; ils se
plaignirent que la rivière « étoit extrêmement
grasse et bourbeuse, même d'un goût puant

[1] Bibliothèque nationale, *manuscrits français*, n° 21,799,
f° 233.

et infecté, ce qui pourroit causer des maladies considérables à ceux qui boiroient de cette eau [1]. » Une ordonnance de police (20 octobre 1702) mentionne ces doléances, et semble regarder le mal comme incurable ; elle se borne à défendre aux porteurs d'eau de s'approvisionner dans les endroits le plus contaminés [2].

La rue qui allait de la rue de la Vannerie à la Seine, en traversant la rue de la Tannerie, s'appelait alors *rue des Teinturiers*, et son extrémité était dite *rue de la Planche-aux-Teinturiers* [3], à cause des planches établies par ceux-ci pour passer du quai sur leurs bateaux à laver. Le plan de Gomboust [4] donne à cette rue un nom que je n'ose reproduire, et qui semble indiquer qu'elle n'était pas habitée uniquement par des teinturiers [5]. La rue Saint-Hippolyte, au faubourg Saint-Marcel, s'est appelée aussi *rue des Teinturiers*.

De temps immémorial aussi, les teinturiers

---

[1] Delamarre, *Traité de la police*, t. I, p 556.

[2] Sur l'état de la Seine au dix-septième et au dix-huitième siècles, voy. *L'hygiène*, p. 171, et les *Variétés chirurgicales*, p. 45.

[3] Jaillot, *Recherches sur Paris*, quartier de la Grève, p. 49.

[4] Dressé vers 1650.

[5] Voy. A. F., *Les anciens plans de Paris*, t. I, p. 163.

faisaient sécher leurs étoffes sur des perches scellées dans le mur de leur maison. Un arrêt du 10 mars 1610 [1], qui fut confirmé par les statuts de 1669 [2], décida que ces perches ne pourraient dépasser en longueur le milieu de la rue, et que les étoffes seraient maintenues à trois toises au-dessus du sol; ce n'était vraiment pas se montrer trop sévère.

Poursuivons maintenant jusqu'à la fin du dix-huitième siècle l'histoire de cette communauté.

L'édit de 1776 réunit en une seule corporation les trois classes de teinturiers, les foulons et les tondeurs de drap. Le prix du brevet d'apprentissage était alors de cinquante livres et celui de la maîtrise de neuf cents livres, chiffre que l'édit réduisit à cinq cents livres.

On comptait à ce moment dans Paris :

9 teinturiers du grand teint.

14   —   du petit teint.

240   —   en soie, laine et fil [3].

Le bureau de la communauté était situé rue de la Cossonnerie.

---

[1] Delamarre, *Traité de la police*, t. IV, p. 338.

[2] Bon teint, art. 56 ; soie, laine et fil, art. 87.

[3] Savary, *Dictionnaire du commerce*, t. II, p. 425. — Hurtaut et Magny, *Dictionnaire de Paris*, t. I, p. 319.

Tous les teinturiers reconnaissaient pour patron saint Maurice, qui figurait dans leurs armoiries. Les teinturiers du grand teint portaient : *De gueules, à un saint Maurice à cheval d'argent* [1], et les teinturiers en soie, laine et fil : *De sable, à un saint Louis tenant de sa main dextre un sceptre, et de sa senestre une main de justice, le tout d'or. Et un saint Maurice de même tenant de sa main dextre un guidon de gueules, chargé d'une croix d'argent, cantonnée de quatre croisettes de même, et de sa senestre un bouclier de gueules semé de fleurs de lis d'or et chargé en cœur d'une croix de Saint-Maurice d'argent* [2].

M. Forgeais [3] a publié le dessin d'un méreau trouvé dans la Seine, et dont la face représente saint Maurice à cheval, la tête nimbée, armé d'une lance et d'un bouclier ; au revers figure la date MVC [4] et ces mots ainsi disposés :

AUX

TAINTU

RIEZ DE DRAS

DE LEINNE.

---

[1] Bibliothèque nationale, manuscrits, *Armorial général,* t. XXV, p. 549.

[2] *Ibid.,* t. XXIII, p. 846.

[3] *Numismatique des corporations,* p. 217.

[4] 1500.

Un autre méreau[1], qui date du dix-huitième siècle, offre au droit le buste de Louis XV, au revers le soleil luisant sur des fleurs, et la devise *De te lux, de te colores*. En exergue : MARCH^ds TEINTUR. DE. BON. TEINT.

Vers l'époque où Colbert faisait rédiger les statuts des teinturiers, les couleurs le plus en vogue étaient les différents tons de rouge, cramoisi, incarnat, feu, amarante; le noir, le gris de lin, le gris souris; les jaunes citron et isabelle. Marini écrivait alors au cardinal Montalto : « Il y a plus de couleurs étalées sur la personne des Parisiens que sur la palette d'un peintre[2]. » Le noir restait couleur du deuil. C'est en long manteau de drap noir que l'on s'acquittait des visites de condoléances. Des piles de manteaux se trouvaient dans les antichambres du défunt; un valet vous en plaçait un sur le dos à votre arrivée, et le reprenait à la sortie. Pour le deuil des proches parents, la tenue de rigueur était le *chaperon,* nom que l'on donnait à un long et étroit manteau noir surmonté d'un coqueluchon mou et plat.

Le deuil royal continuait à être caractérisé par le violet. « Le Roy de France portant le

---

[1] Reproduit par le *Magasin pittoresque,* t. XXVIII, p. 59.
[2] Lettre publiée par E. Rodocanachi, p. 2.

deuil est vestu de violet, et le reste de la Cour
porte le noir, » écrit Guillaume du Peyrat,
qui fut l'un des aumôniers de Henri IV et de
Louis XIII [1]. Je remarque toutefois que, le
lendemain de l'assassinat de son père, le petit
Louis XIII, alors âgé de neuf ans et demi, fut
« vestu d'un habillement bleu [2]. » Il fut déclaré
majeur le 2 octobre 1614, et au mois d'avril
suivant mourut la reine Marguerite, femme
divorcée de son père ; le roi, cette fois, est
« vêtu de deuil violet [3]. »

Les femmes se mariaient en blanc, qui était
aussi la couleur de leur deuil. Les veuves
même les mélangeaient de noir, et elles ne
s'astreignaient plus à le garder éternellement;
au bout d'un certain temps, toutes les couleurs étaient permises, sauf le vert [4]. Durant
les quarante premiers jours, elles revêtaient
un robe noire bordée d'hermine, et restaient
renfermées dans leur appartement tendu de
noir [5], comme l'étaient leur carrosse, y compris les harnais, leur chaise à porteurs, etc.

[1] *Histoire ecclésiastique de la Cour*, p. 846.
[2] Héroard, *Journal*, t. II, p. 2.
[3] *Ibid.*, t. II, p. 159 et 175.
[4] Tallemant des Réaux, t. II, p. 161 et 171.
[5] Charrier, *Discours traitant de l'antiquité de la fourrure* (1634), p. 45.

C'est ce que l'on nommait *draper,* privilège
très envié et réservé à la haute noblesse. Les
cardinaux ne drapaient point ; ayant prétendu
avoir le droit de draper en violet, Louis XIV
s'y opposa, et ils refusèrent de draper en
noir [1]. A la mort de Louis XIV, madame de
Maintenon, sa veuve [2], resta aussi discrète
qu'elle l'était depuis trente ans, elle ne drapa
pas, et se borna à habiller ses gens couleur
de feuille-morte. Après le décès du duc d'Orléans, le roi refusa à madame de Montesson,
épouse morganatique du prince, le droit de
draper [3].

Les diamants étaient interdits, mais non
les perles, qui « de tout temps ont été de
deuil [4]. »

Vers le milieu du siècle, on voit le gris se
substituer ou tout au moins s'associer au blanc
et au noir [5]. Anne d'Autriche porta en gris le
deuil de Louis XIII. Mademoiselle de Mont-
pensier agit de même lorsqu'elle perdit son

---

[1] Duc de Luynes, *Mémoires,* t. VII, p. 357.
[2] Voy. A. Geffroy, *Madame de Maintenon et sa correspondance authentique,* t. I, p. 154.
[3] *Mémoires secrets* dits de Bachaumont, 24 novembre 1785.
[4] *Mercure galant,* année 1673, t. III, p. 295.
[5] Voy. Saint-Simon, t. I, p. 241.

père [1]. « Je ne pouvois pas, écrit-elle, lorsque je voyois du beau temps, demeurer dans ma chambre, qui m'étoit beaucoup plus désagréable depuis qu'elle étoit tendue de noir. Je fis faire un ameublement gris; c'est le premier qui avoit paru à une fille; il n'y avoit que les femmes veuves qui s'en fussent servies. Ainsi, l'on vit bien que je voulois porter le deuil le plus régulier et le plus général qui eût jamais été. Tous mes gens, jusqu'aux marmitons et les valets de tout mon domestique en furent vêtus; les couvertures des mulets, les caparaçons de mes chevaux avec ceux de mes sommiers, tout fut en noir [2]. »

Les différents tons du gris étaient très en honneur au début du siècle, surtout parmi les petites bourgeoises et les ouvrières. C'est de là qu'est venu le nom de grisette, qui désigna d'abord toutes les femmes de condition médiocre. « Les modes, écrivait le *Mercure galant* de 1673, passent des riches bourgeoises aux grizettes, qui les imitent avec de moindres étoffes [3]. » Dans une comédie de Regnard, ouée en 1694, Pasquin dit à Dorante, son

---

[1] En 1660.
[2] *Memoires*, édit. Michaud, p. 341.
[3] Tome III, p. 322. Page 292, on écrit *grisette*.

maître : « Je suis las d'estre bien battu et mal
nourry ; je suis las de passer la nuit à la porte
d'un lansquenet et le jour à vous détourner
des grisettes[1]. » Enfin, dans la *Marianne* de
Marivaux, M. de Climal dit à Marianne :
« Mon neveu vous regardera comme une jolie
grisette, à qui il se promet bien de tourner la
tête[2]. » Voici maintenant la définition que
Sébastien Mercier donne de la grisette à la fin
du dix-huitième siècle : « On appelle grisette
la jeune fille qui, n'ayant ni naissance ni bien,
est obligée de travailler pour vivre, et n'a
d'autre soutien que l'ouvrage de ses mains.
Ce sont les monteuses de bonnets, les couturières en linge, etc. qui forment la partie
la plus nombreuse de cette classe [3]. »

VI

LE DIX-HUITIÈME SIÈCLE.

Couleurs dominantes sous Louis XV. — Les talons rouges.
— La couleur *œil de roi*. — Marie-Antoinette crée les
couleurs puce et cheveux de la reine. — Vogue du chamois, puis des couleurs dérivées du vert, du rouge et du

---

[1] *Attendez-moy sous l'orme*, scène I.
[2] Troisième partie, p. 59 de l'édition de 1877.
[3] *Tableau de Paris*, chap. 626, t. VIII, p. 133.

jaune. — Étranges couleurs adoptées vers la fin du siècle.
Extraits du livre-journal de madame Éloffe, marchande
de modes, fournisseuse de la Cour. — Nombreuses couleurs et tons divers produits par les teinturiers. — Les
toiles peintes. Le gouvernement les interdit. Lutte qu'il
soutient pendant soixante-quatorze ans contre le public.
— Liste des arrêts rendus à cette occasion. — L'arrêt
extravagant de juillet 1717. — La contrebande. — Les
commis de barrière arrachent aux femmes leurs robes de
toile peintes. — Oberkampff. — Les imprimeurs sur
étoffe. Ils se plaignent de la longue durée des deuils.
La nation entière porte le deuil du roi et de toutes les
têtes couronnées de l'Europe. — La maison royale fournit
le deuil à toute la Cour. — Derniers deuils de Cour.
Louis XVIII, le président Carnot. — La durée des deuils
est réduite de moitié. — Le journal des deuils. — Pué-
rile réglementation des deuils. — Le roi porte le deuil en
violet, la reine en blanc. — Deuil de l'aîné de la famille.
— Le chancelier ne porte jamais aucun deuil. — Le
deuil à la Cour de Napoléon Ier.

Sous Louis XV, les couleurs dominantes
furent toutes les teintes contenues entre le
rouge sombre et le brun clair. Le noir commença, vers 1750, à devenir couleur de cérémonie [1].

Une mode, qui datait du règne précédent,
obligeait les grands seigneurs à faire peindre
en rouge incarnat les talons de leurs chaussu-
res. C'était là une caractéristique du costume
de Cour. Aucun règlement n'interdisait d'arborer cette marque de distinction, et pour-

[1] J. Quicherat, p. 560.

tant jamais l'idée n'en vint à un gentilhomme non présenté, c'est-à-dire non admis à la Cour [1].

La figure, très peu distinguée, de Louis XVI était éclairée par des yeux doux et bons « qu'aucun peintre n'a pu rendre avec vérité. » Leur aspect [2] donna naissance à la couleur *œil de roi* [3]. C'est la première que j'aie à mentionner parmi toutes celles qui vont se succéder sous le règne de Marie-Antoinette.

Pendant l'été de 1775, elle parut un jour devant Louis XVI avec une robe de taffetas « d'un violet brunâtre [4]; » et le roi, en la voyant, s'écria : « C'est la couleur des puces. » Le mot fit fortune. A l'instant toutes les dames de la Cour voulurent avoir du taffetas puce. La manie gagna jusqu'aux hommes, et les teinturiers ne furent plus occupés qu'à produire les divers tons qui peuvent naître de cette couleur. L'on eut ainsi :

La jeune puce.

---

[1] Mad. de Genlis, *Étiquettes de la Cour*, t. II, p. 341.

[2] Il m'a, en effet, été impossible de déterminer exactement leur nuance d'après les portraits conservés au musée de Versailles.

[3] D'Hézecques, *Souvenirs d'un page de la Cour de Louis XVI*, p. 6.

[4] Baronne d'Oberkirch, *Mémoires*, t. I, p. 62.

La vieille puce.

La tête de puce.

Le dos de puce.

Le ventre de puce.

La cuisse de puce [1].

L'été s'achevait à peine qu'un caprice de
Marie-Antoinette avait créé une nouvelle couleur, celle des *cheveux de la reine*, qui étaient
d'un très beau blond cendré. On lit dans la
Correspondance secrète [2] : « La reine a fait faire
à Lyon, pour son usage, des étoffes de la couleur de ses cheveux. Aujourd'hui tous les
gens qui savent se mettre s'habillent de blond.
On fait faire des habits blonds, des robes blondes, et je ne doute pas qu'un de nos évêques
élégans ne se montre dans peu avec un carrosse blond. »

Ce triomphe fut court. A la fin de l'année
suivante, la mode avait adopté le *chamois* [3],
emprunté à la livrée des Condé. L'on raffola
ensuite des couleurs dérivées du vert, du rouge
et du jaune. Si ces temps étaient plus loin de
nous, l'on hésiterait à prendre au sérieux les
noms qu'on leur donna, et l'on est presque

---

[1] *Mémoires secrets*, 13 novembre 1775, t. VII, p. 248.

[2] Numéro du 4 novembre 1775.

[3] *Journal de Paris*, n° du 7 janvier 1777.

tenté de croire, en les lisant, qu'il ne faut pas traiter de fantaisiste l'énumération que nous a fournie d'Aubigné deux cents ans auparavant[1].

Les petits accidents tout naturels qui suivirent la naissance du premier Dauphin furent l'origine des couleurs

Caca-Dauphin.
Moutarde.

Auxquelles des ennemis de la royauté sans doute opposèrent la

Merde-d'oie.

Nous avons déjà rencontré ce dernier nom sur la liste de d'Aubigné, et il est assez joli pour avoir mérité les honneurs d'un second et même d'un troisième règne[2]. Cette fois, par euphémisme, on prononçait le plus souvent *merdoie*[3]. On en fit des *complets*, puisque, le

[1] Voy. ci-dessus, p. 75.
[2] Parmi les couleurs en vogue sous le premier Empire, je trouve citées :

Le vert merde-d'oie.
La boue de Paris.
Le jujube.
Le ramona.

Voy. Favier, *Nouvelles recherches sur l'art de la teinture*, 1806, in-12.
[3] Pas toujours, car je relève les mentions suivantes dans le *Livre-Journal* de Mme Éloffe :

10 août 1781, un jeune homme parut aux Tuileries, la promenade à la mode, avec un habit, une veste, une culotte, des bas, des souliers et de la poudre couleur merde-d'oie[1].

Au cours de cette même année, l'incendie de la salle de l'Opéra au Palais-Royal[2] inspira les couleurs

> Opéra-brûlé.
> Feu d'opéra.
> Fumée d'opéra.
> Tison.

L'année 1782 amena la mode du blanc, dont Marie-Antoinette se lassa bientôt.

Puis, différents et puérils incidents mirent successivement en vogue les couleurs

> Prunes de monsieur.
> Queue de serin.

« Un nœud d'épée, de ruban rose et merde-d'oie. » (Note présentée à Madame la duchesse de Maillé le 11 décembre 1788.)

« Six pièces de rubans blanc, noir, violet, bleu, rose et merde-d'oie. » (Note présentée à Madame Adélaïde le 5 septembre 1789.)

Lors de la fuite de Varennes (21 juin 1791), Madame Royale portait une robe de toile peinte couleur merde-d'oie.

(*Livre-journal*, t. I, p. 294 et 411, t. II, p. 240.)

[1] *Mémoires secrets*, t. XVII, p. 324.

[2] Notez que l'on trouva plus de vingt cadavres dans les décombres. Voy. les *Mémoires secrets*, au 15 juin 1781.

Larmes indiscrètes.

Soupirs étouffés.

Cuisse de nymphe.

Entrailles de petit-maître.

Soufre tendre.

Verre bouteille.

Carmélite.

Ventre de Carmélite [1].

Les années 1788 et suivantes me fournissent encore les couleurs :

Souci d'hanneton [2].

Pistache.

Cou de canard.

Suie des cheminées de Londres.

Mouche cantharide [3].

Ramoneur [4].

Cannelle.

Crapaud [5].

---

[1] Voy. *Le magasin des modes*, années 1785 à 1788, et Séb. Mercier, *Tableau de Paris*, chap. 168 et 298.

[2] Le 30 décembre 1788, Mme Éloffe fournit à Madame Victoire des franges « couleur souci d'hanneton, pour garnir un grand habit. » Tome I, p. 309.

[3] Le 14 février 1788, Mme Éloffe fournit à la reine « un sac de taffetas couleur mouche cantharide. » Tome I, p. 321.

[4] Le 21 octobre 1789, Mme Éloffe fournit à la reine de la blonde « pour une redingote de florence couleur ramoneur. » Tome I, p. 440.

[5] Le 24 octobre 1789, Mme Éloffe fournit à la reine des

Gorge de pigeon.

Ruisseau[1].

Boue de Paris[2].

Ces créations éphémères n'occupaient pas seules les teinturiers. Ils s'efforçaient de perfectionner leur outillage, leurs procédés de fabrication, et ils étaient arrivés à obtenir pour chaque couleur une grande variété de tons. J'en donnerai quelques exemples, choisis dans des ouvrages spéciaux publiés au dix-huitième siècle :

Aurore.

Aviné.

Blanc d'argent.

— azuré.

— de Chine.

— de fil.

— des Indes.

Bleu d'application.

— blanc.

— de campêche.

— chimique.

Bleu de cuve.

— d'enfer.

— de guède.

— mignon.

— naissant.

— d'outre-mer.

— pâle.

— pers.

— petit teint.

— de Prusse.

— de reine.

garnitures pour « une robe de satin couleur crapaud. » Tome I, p. 443.

[1] Le 18 février 1791, Mme Éloffe fournit à Madame Victoire une « blonde fond couleur ruisseau. » Tome II, p. 196.

[2] Le 28 septembre 1791, Mme Éloffe fournit à la reine « quatre aunes de ruban couleur boue de Paris. » Tome II, p. 267.

Bleu remonté.
— de roi.
— de Saxe.
Bronze.
Brun.
— violet.
Café au lait.
— foncé.
Cannelle.
— brûlée.
Capucine.
Carnation de vieillard.
Cassis.
Chair.
Châtaigne.
Chocolat.
Coquelicot.
Épine.
Fleur de grenade.
Gris d'agate.
— américain.
— d'Amiens.
— de bièvre.
— blanchet.
— d'épine.
— de fer.
— de maure.
— naïf.
— noisette.
— verdâtre.
— violet.
Jaune beurre frais.

Jaune bois.
— chamois.
— doré.
— marron.
— nankin.
— orangé.
— revers de bottes.
— rouille.
— serin.
— souci.
— ventre de biche.
— verdâtre.
Jujube.
Langouste.
Lilas.
Mauve.
Mordoré.
Musc.
Nacarat.
Noisette.
— brune.
Olive.
— brune.
— rousse.
Or.
Pêcher.
Pruneau.
Poil de bœuf.
Rouge amarante.
— d'Andrinople.
— d'Angleterre.
— cerise.

Rouge enfumé.
— des Indes.
— levantin.
— ponceau.
— rose.
— vermillon.
Soupevin [1].
Suie.
Tabac.
Tanné de Paris.
Vert américain.
— anglais.
— bouteille.
— canard.

Vert céladon.
— chou.
— d'eau.
— laurier.
— de mer.
— molequin.
— perdu.
— perroquet.
— pistache.
— pomme.
— printemps.
— de Saxe.
Violet rosé.

Parmi les étoffes dont s'engouèrent les femmes au dix-huitième siècle, il en est une à laquelle je dois consacrer quelques lignes. La lutte qu'elle soutint durant soixante-quatorze ans contre le gouvernement a sa place marquée dans les fastes de la teinturerie, et constitue un curieux épisode de notre histoire commerciale.

Depuis longtemps, les navires de la compagnie des Indes rapportaient d'Orient des indiennes ou toiles peintes, tissus de coton couverts de dessins où éclataient des couleurs aussi brillantes que variées [2]. Ces tissus n'ob-

---

[1] Ou soupe au vin. Variété de rouge.
[2] Les tissus de soie analogues reçurent, et conservèrent

tinrent d'abord, à Versailles et à Paris, qu'un
médiocre succès ; cependant certains teinturiers s'efforcèrent d'imiter les singuliers
ornements qu'ils avaient sous les yeux. Les
procédés de fabrication étant inconnus, on
employa la plume et le pinceau ; on les peignit
à la main, et ainsi leur vint le nom de toiles
peintes.

Ce n'était pas là une concurrence bien
redoutable pour la compagnie des Indes. Mais
un beau jour, et l'on ne sait comment, les
toiles peintes devinrent si bien à la mode que
les autres étoffes se virent négligées. Les in-
dustriels qui produisaient les tissus de fil et
de soie se plaignirent, et un premier arrêt,
daté du 28 octobre 1686, prohiba le commerce, le port et l'usage des toiles peintes,
soit étrangères, soit indigènes. « Le commerce
de ces étoffes a longtemps été permis ; mais
les manufactures des étoffes françoises, qui
tomboient chaque jour, aïant enfin fait ouvrir
les yeux aux Ministres qui avoient la direction
du commerce, on pensa sérieusement à arrêter
le désordre, et l'autorité Roïale travailla à

_____

pendant longtemps, le nom de *furies*. Elles le durent,
dit-on, au désordre, à l'emportement, à la furie avec lesquels les dessins, de forme bizarre, étaient jetés sur l'étoffe.

opposer une digue à cette espèce de torrent
d'étoffes des Indes, qui inondoit Paris et les
provinces [1]. » Alors commence, entre l'État
et le public, une lutte homérique dont la mode
des *demi-castors* avait déjà donné le spectacle [2].

Deux arrêts, l'un du 6 avril 1688, l'autre du
1er février 1689, n'amenèrent personne à
l'obéissance. Les indiennes devinrent d'autant
plus recherchées qu'elles étaient proscrites ;
tout le monde voulut en porter, et comme
l'Orient en expédiait à profusion, tout le
monde en porta. Le gouvernement tint bon.
Il montra en cette occasion une activité, une
persévérance vraiment dignes d'une meilleure
cause, et je me reprocherais toute ma vie de
n'avoir pas dressé la liste des arrêts qui se
mirent à pleuvoir comme grêle sur la popu-
lation féminine. Celle-ci, d'ailleurs, ne courba
point la tête ; elle se sentait prête à tout en-
durer pour conquérir le droit de revêtir des
cotonnades à fleurs, et soixante-quatorze
années d'une persécution parfois fort dure ne
vinrent pas à bout de lasser sa constance.

---

[1] Savary, *Dictionnaire du commerce*, t. I, p. 1918.
[2] Voy. ci-dessous, p. 196 et suiv.

Voici la date des arrêts qu'elle eut à braver entre 1697 et 1716 :

Année	1697,	arrêt du	3 décembre.
—	—	—	14 décembre.
—	1700	—	13 juillet.
—	1701	—	24 décembre.
—	1702	—	22 août.
—	—	—	18 septembre.
—	—	—	18 novembre.
—	1705	—	17 février.
—	—	—	26 mai.
—	1706	—	24 août.
—	1707	—	10 mai.
—	1708	—	7 février.
—	—	—	5 juin.
—	1709	—	27 août.
—	—	—	10 décembre.
—	1710	—	7 avril.
—	—	—	22 juillet.
—	1711	—	28 avril.
—	1712	—	29 avril.
—	1713	—	2 décembre.
—	1714	—	10 février.
—	—	—	11 juin.
—	1715	—	16 février.
—	—	—	21 mai.
—	—	—	4 juin.

Tous ces arrêts portaient défense de vendre
ou porter des indiennes, qu'elles eussent été
fabriquées aux Indes, à l'étranger ou en
France. De ce côté, le danger n'était pas
grand. La compagnie des Indes, aussi bien
qu'une manufacture tolérée à Marseille, étaient
surveillées de près, et n'approvisionnaient
guère que nos colonies. Mais les vaisseaux
anglais et hollandais apportaient d'Orient des
cargaisons entières de toiles peintes, et ils en
inondaient l'Europe reconnaissante. Malgré
l'armée de douaniers entretenue sur nos frontières, la contrebande avait pris des proportions inouïes ; à ce point qu'une compagnie
d'assurance s'était établie pour indemniser les
fraudeurs en cas de prise [1].

Vingt-huit arrêts s'étaient déjà succédé, et
Saint-Simon racontant les événements de
l'année 1716 écrivait : « La mode des toiles
peintes l'emportoit sur toute règle et raison ;
les plus grandes dames, et toutes les autres à
leur imitation et à l'abri de leur exemple, en
portoient publiquement et impunément partout, avec le plus scandaleux mépris public
des défenses et des peines portées et si souvent

[1] Forbonnais, *Examen des avantages et désavantages de
la prohibition des toiles peintes*, p. 37.

réitérées [1]. » Si l'on voulait que force restât à la loi, il était donc temps de prendre des mesures sérieuses. Au mois de juillet 1717 parut enfin l'arrêt le plus extravagant qui ait jamais été rendu en matière de protection industrielle. Il ne comprenait que six articles, mais comme on va le voir, la qualité remplaçait avantageusement la quantité. Donc :

1° Tout individu convaincu d'avoir *introduit* en France des toiles peintes *à main armée* était condamné aux galères à perpétuité.

2° Tout individu convaincu d'avoir *falsifié les marques* apposées sur les toiles peintes importées par la compagnie des Indes [2] était condamné à la prison et à 1,500 livres d'amende.

3° Tout individu convaincu d'avoir *introduit* en France des toiles peintes, *avec attroupement de cinq personnes et au-dessus* était condamné à trois ans de galères.

4° Tout individu convaincu d'avoir *favorisé le commerce* des toiles peintes était condamné à 1,500 livres d'amende. En cas de récidive, les hommes devaient être mis au carcan pen-

---

[1] *Mémoires*, t. XIII, p. 34.

[2] Cette marque en plomb portait d'un côté les armoiries de la compagnie : un globe d'azur chargé d'une fleur de lis d'or, avec cette légende *florebo quo ferar* ; de l'autre une ancre entourée des mots *Compagnie des Indes*.

dant trois jours de marché, les femmes fouet-
tées, puis emprisonnées pendant trois ans.

5° Tout individu convaincu d'avoir *donné
asile* à un fraudeur était regardé comme son
complice et puni comme tel.

6° Tout marchand convaincu d'avoir *pos-
sédé* des toiles peintes était déchu de la maîtrise et condamné à 3,000 livres d'amende.

En même temps, les commis de barrières
aux portes de Paris, des agents spéciaux dans
la ville, avaient ordre d'arrêter les femmes
vêtues d'indiennes, et pour stimuler leur zèle
on leur abandonnait l'amende qui frappait les
coupables.

Les jurés de certaines corporations, des
tisserands, des drapiers de soie étaient autorisés à pénétrer dans les maisons, et à y saisir
jusqu'aux mobiliers recouverts de toiles
peintes. Des ordres d'une sévérité inouïe
étaient donnés aux innombrables douaniers
qui semblaient chargés de protéger la France
contre une invasion, et le sage Forbonnais
pouvait écrire sans soulever aucune protes-
tation : « C'est une guerre continuelle sur
toutes nos frontières, qui fait périr un monde
infini les armes à la main, dans les prisons,
aux galères et sur l'échafaud, et cela unique-

.ment. pour vouloir forcer vingt millions
d'hommes à agir contre leur penchant, au
lieu de s'accommoder à ce même penchant et
d'en tirer parti [1]. »

Eh bien, au moment même où cette phrase
était écrite, il se consommait par année en
France pour seize millions de toiles peintes [2].
Tout le monde en voulait et tout le monde en
possédait. On en recouvrait des meubles, on
en tapissait des appartements entiers. A la
Cour, les grandes dames étalaient les fines
toiles apportées par la compagnie des Indes ;
les femmes du peuple arboraient fièrement le
dimanche les grossiers produits que nous
envoyaient l'Angleterre, la Hollande et la
Suisse. Grimm écrivait au mois d'octobre 1755 :
« Vous savez que toute toile peinte est pro-
hibée. On a voulu prévenir par cette défense
le tort que leur usage pourroit faire aux manufactures de soie et de laine. Les ordonnances
sont si rigoureuses à cet égard qu'elles per-
mettent aux gardes et aux commis de barrières
d'arracher les robes de toile aux femmes qui
oseroient en porter en public. Le trafic même
des toiles peintes est puni par les galères et

---

[1] Forbonnais, *Examen*, etc., p. 76.
[2] *Ibid.*, p. 11.

par des peines plus rigoureuses encore... On·
envoie de temps en temps aux galères des
misérables sans appui, coupables de cette contrebande, » tandis que la Cour donne l'exemple de la désobéissance. Les résidences royales
sont remplies de sièges recouverts en toile
peinte, « par exemple, dans tout le château de
Bellevue [1], il n'y a pas un meuble qui ne soit
de contrebande [2]. »

Il fallut bien céder. Le gouvernement se
relâcha peu à peu de sa sévérité ; on commença
par tolérer les meubles, on cessa d'inquiéter
les femmes vêtues d'indiennes, on renonça à
brûler les marchandises confisquées dans les
magasins. Enfin, le 4 mars 1760, un arrêt
autorisa définitivement « l'usage des toiles
peintes fabriquées en France. » L'avocat Barbier mentionne l'événement dans son *Journal* [3],
et il le fait suivre de cette réflexion : « Appa-
remment qu'on a considéré que cela ne feroit
pas un tort si considérable aux fabriques des
étoffes de soie, et que cela produira une nouvelle fabrication dans l'intérieur du royaume. »

---

[1] Construit pour madame de Pompadour, et alors habité
par elle.

[2] *Correspondance inédite*, lettre du 15 octobre 1755.

[3] Tome VII, p. 236.

Il était vraiment temps que l'on s'en aperçût.

Un jeune homme de vingt ans, Christophe Oberkampff, fils d'un habile teinturier d'Aarau dans le canton d'Argovie, vint alors à Paris, décidé à y naturaliser l'industrie des toiles peintes. Croyant sans doute à la vieille réputation de la Bièvre, il alla s'établir sur ses rives, à Jouy près de Versailles. En même temps dessinateur, graveur, teinturier, imprimeur, il travailla d'abord presque seul, puis finit par former des ouvriers. Son établissement grandit avec rapidité ; quinze cents personnes y furent bientôt occupées, et la réputation d'Oberkampff s'étendit jusqu'en Orient, où ses agents allèrent tenter de dérober aux Indiens le secret de leurs couleurs. On ne se servait encore pour l'impression que de *planches* de bois, qui fixaient sur la toile les tons principaux ; les ornements plus délicats étaient ensuite exécutés, comme autrefois, à la main par des ouvrières appelées *peinsoteuses*[1]. L'invention du *rouleau* opéra, peu de temps après, une véritable révolution dans l'art qu'Oberkampff avait importé en France, et qui y constitua une quatrième classe de tein-

---

[1] Jaubert, *Dictionnaire des arts et métiers* (1773), t. IV, p. 263.

turiers, celle des imprimeurs en toile peinte ou imprimeurs sur étoffes.

Celle-ci, comme une foule d'autres corps d'état, se plaignait de la longue durée des deuils, qui condamnait les Parisiens à l'économie et appauvrissait ainsi la plupart des industries de luxe.

Toute la nation portait le deuil du roi. Pendant une année entière, il n'y avait si petit bourgeois qui ne dût s'habiller de noir, renoncer aux bijoux, et vêtir, au moins de couleur sombre, sa famille et ses domestiques. La maison royale fournissait les habits de deuil à toutes les personnes relevant directement de la couronne. Et cela allait très loin, car les fonctionnaires de la Cour des comptes par exemple, aussi bien que ceux des Monnaies, réputés commensaux de la maison du roi, avaient droit de deuil[1]. Paris portait également le deuil de tous les princes et princesses de l'Europe. « Les deuils de Cour, écrivait Séb. Mercier, épargnent de l'argent aux bons Parisiens. Ces deuils mettent dans la société le plus grand nombre fort à son aise, et l'on diroit alors que les fortunes sont égales. La chute des têtes couronnées n'est

[1] Hurtaut et Magny, *Dictionnaire de Paris,* t. II, p. 659.

donc pas désagréable à Paris. Ces morts-là
arrangent tout le monde, car l'habit[1] noir
s'accorde merveilleusement avec les boues,
l'intempérie des saisons, l'économie et la
répugnance à faire une longue toilette. —
« J'hérite de tel roi, s'écrioit un poète de ma
connoissance. — Comment ? — Comment !
Il m'en eût coûté ce printemps, pour un habit,
vingt pistoles, que je remets en poche, et je
porterai volontiers le deuil de Sa Majesté
bienfaisante. » Il est assez plaisant de voir un
bijoutier porter le deuil d'une tête couronnée
dont il estropie le nom ; mais l'usage a prévalu, et ce n'est plus un ridicule pour les
classes les plus humbles de la société[2]. »

Le dernier deuil de Cour que la France ait
porté, « et il le fut spontanément comme une
mode[3], » est celui de Louis XVIII. La répu-
blique n'a cependant pas rompu tout à fait
avec cette tradition, car à la mort du président Carnot, ordre fut donné aux fonctionnaires et agents de tous les services publics de
porter le deuil durant trente jours[4], dans
l'exercice de leurs fonctions.

[1] Le vêtement.
[2] *Tableau de Paris*, chap. LXXVII, t. I, p. 246.
[3] George Sand, *Histoire de ma vie*, t. III, p. 443.
[4] A dater du 25 juin 1894.

Une ordonnance du 23 juin 1716 réduisit
de moitié la durée du deuil royal et celle des
deuils particuliers. Les considérants de cette
ordonnance, qui fut rendue, dit-on, à la demande de la duchesse de Berry, fille du Régent,
méritent d'être rapportés :

« DE PAR LE ROI. Sa Majesté étant informée
qu'une des principales causes de l'interruption
du commerce et de la cessation des manufactures vient de la trop longue durée des
deuils, qui se succèdent souvent les uns aux
autres, et qui, arrêtant pendant plusieurs
années consécutives le débit de différentes
espèces de marchandises, mettent les meilleurs négocians dans l'impuissance de faire
continuer le travail de leurs ouvriers, qui sont
contraints d'abandonner leur profession,
même de quitter le royaume. Et que, d'ailleurs, les marchands se trouvant chargés d'une
grande quantité d'étoffes fabriquées, lorsque
les deuils surviennent inopinément, ils ne
peuvent les vendre qu'à une perte considérable, ni les garder sans se faire un préjudice presque égal : ce qui les empêche de
s'acquitter envers ceux de qui ils ont fait des
emprunts pour leurs entreprises, ou qui leur
ont vendu les matières premières propres à la

fabrication des étoffes. S. M. voulant prévenir ces inconvéniens[1]. . . . . . . »

La durée des deuils était ainsi fixée :

Deuil du roi et autres grands
deuils de Cour. . . . .   6 mois.

Deuil de mari. . . . .   1 année.

Deuil de femme, père, mère,
grand-père, grand'mère, beau-
père, belle-mère et autres personnes dont on est héritier ou
légataire universel. . . . .   6 mois.

Frère, sœur, beau-frère, belle-
sœur et autres personnes dont on
n'est pas héritier. . . . .   3 mois.

Autres deuils. . . . .   1 mois.

En outre, il n'était permis de draper que
pour les maris, femmes, beaux-pères, belles-
mères, aïeuls et aïeules de qui l'on était héritier ou légataire universel[2].

Deux nouvelles ordonnances réduisirent
encore la durée des deuils, et la princesse
Palatine pouvait écrire, le 23 juillet 1719,
après la mort de la duchesse de Berry : « Nous

[1] Isambert, *Anciennes lois françoises*, t. XXI, p. 118.
[2] Sur cette ordonnance, voy. Dubois de Saint-Gelais, *Histoire journalière de Paris*, p. 38.

n'aurons que trois mois de deuil au lieu de six, car un usage récent a abrégé de moitié la durée des deuils. »

Toutefois, l'étiquette n'en avait pas été simplifiée, et un journal spécial, les *Annonces des deuils*, vint combler une lacune vraiment regrettable. « Ces annonces, disait l'avocat Barbier dans son *Journal*[1], indiquent le jour que se prend le deuil, le tems qu'il doit durer, la forme dont il doit être porté tant pendant le grand deuil que pendant le petit. L'abonnement est de six livres par an, avec le nécrologe des hommes célèbres[2]. » On trouve ce prix modéré quand on songe à la multitude, à la puérilité surtout des prescriptions qui avaient fini par constituer la plus ridicule des sciences. Ce journal vous enseignait à quel jour précis l'on devait remplacer les pierres noires par les diamants, les boucles bronzées par les boucles d'argent. On y apprenait aussi de quelle manière il fallait *couper* un deuil dont les jours étaient impairs. Si le deuil était de quinze jours, par exemple, le deuil noir était de huit jours, le demi-deuil de sept jours.

Durant les années qui précédèrent la Révo-

[1] Au 13 mars 1761.
[2] Voy. aussi Hurtaut et Magny, t. I, p. 274.

lution , donc plus d'un siècle après que Diafoi-
rus avait ordonné de toujours mettre dans un
œuf les grains de sel par nombre pair, voici
comment était réglée l'étiquette des deuils :

On ne porte les *grands deuils* que pour père et
mère, mari et femme, frère et sœur, cousin et cou-
sine.

On appelle grands deuils ceux qui se partagent
en trois temps : la laine, la soie et le petit deuil.

Les autres deuils ne se partagent qu'en deux
temps : le noir et le blanc. Jamais on ne drape
dans ces sortes de deuils ; et toutes les fois qu'on
ne drape point, les femmes peuvent porter les
diamans, et les hommes l'épée et les boucles [1] d'argent.

Le deuil de *père et mère* est de six mois. Les
trois premiers, la laine en popeline ou en raz de
Saint-Maur [2]; la garniture d'étamine avec effilé
uni ; les bas et les gants de soie noire ; les souliers
et boucles bronzés. Si c'est en grand habit, on
prend des bonnets d'étamine noire, les barbes
plates garnies d'effilé uni, la coëffe pendante, les
mantilles de même étoffe, ainsi que l'ajustement,
les manches de crêpe blanc. Si c'est en robe, on

---

[1] Boucles de souliers.
[2] Etoffe croisée qui ne se faisait qu'en noir. Elle était
toute de soie pour les petits deuils, de soie et laine pour les
grands deuils. La première fabrique avait été créée, vers le
milieu du dix-septième siècle, à Saint-Maur près Paris, par
un sieur Marcelin Charrier.

porte les bonnets, les barbes, les manches et le fichu de crêpe blanc avec effilé uni.

Au bout de six semaines, on quitte la coëffe, on prend les barbes frisées et on peut mettre des pierres noires.

Les trois mois finis, on prend la soie noire pour six semaines, le poil de soie en hiver, le taffetas de Tours en été, avec les coëffures, manches et fichu de gaze brochée, garnie d'effilé découpé.

Les six dernières semaines sont de petit deuil. On porte le blanc avec la gaze brochée et les agré-mens pareils, et les diamans.

L'étiquette des deuils de *grand-père* ou *grand'-mère* est la même. Mais le deuil n'est que de quatre mois et demi : six semaines en laine, six semaines en soie, et six semaines en petit deuil.

Pour les *frères* et *sœurs*, la laine pendant trois semaines, quinze jours la soie, huit jours le petit deuil.

Pour les *oncles* et *tantes* le deuil est de trois se-maines. Il peut se porter en soie : quinze jours avec effilé, sept jours avec gaze brochée ou en blonde.

Pour les *cousins germains*, quinze jours : huit avec effilé, sept en gaze brochée ou en blonde.

Pour *oncle à la mode de Bretagne*, onze jours : six en noir, cinq en blanc.

Pour *cousin issu de germain*, huit jours : cinq en noir et trois en blanc.

Le deuil d'un *mari* est d'un an et six semaines.

Pendant les six premiers mois, les veuves portent le raz de Saint-Maur de laine ; la robe à grande

queue, retroussée par une ganse attachée au jupon
sur le côté, et qu'on fait ressortir par la poche ; les
plis de la robe arrêtés par devant et par derrière ; les
deux devants joints par des agrafes ou des rubans ;
point de compères [1] ; les manches en pagode [2] ; la
coëffure de batiste à grands ourlets ; le fichu de
batiste ; une ceinture de crêpe noir agrafée par devant pour arrêter les plis de la taille, les deux
bouts pendant jusqu'au bas de la robe ; une écharpe
de crêpe plissée par derrière ; la grande coëffe de
crêpe noir ; les gants, les souliers et les boucles
bronzés ; le manchon revêtu de raz de Saint-Maur
sans garniture ou l'éventail de crêpe.

Les six autres mois, la soie noire, les manches et
garniture de crêpe blanc, et pierres noires si l'on
veut.

Pendant les six dernières semaines, le noir et le
blanc uni, la coëffure et les manches de gaze brochée, les agrémens ou tout noirs ou tout blancs, au
choix de la veuve.

Les antichambres doivent être tendues de noir,
la chambre à coucher et le cabinet de gris, pendant
un an ; les glaces cachées pendant six mois.

Les veuves ne peuvent paroître à la Cour qu'au
bout des six premiers mois.

Le deuil des *femmes* est de six mois. L'homme
veuf doit porter l'habit et les bas de laine ; les

[1] On nommait ainsi deux petits devants, qui étaient cousus sous les échancrures de la robe. Ils s'assemblaient par
des boutons.

[2] Manches plates ouvertes en entonnoir, avec un re-
troussis.

manchettes de batiste à ourlet plat ; l'épée, les souliers et les boucles bronzés ; une cravate unie ; les
grandes et les petites pleureuses[1] : on quitte les
grandes après les trois premières semaines.

Au bout de six semaines, les bas de soie noire,
les manchettes effilées, mais toujours l'épée et les
boucles noires.

Les six semaines suivantes, l'habit de soie noire,
l'épée et les boucles d'argent. Pendant les six dernières ou le petit deuil, les bas de soie blancs.

Les hommes peuvent paraître à la Cour dès les
premiers jours de leur deuil.

Il n'y a d'exception à ces règles que pour les
deuils des parens dont on hérite. Le deuil d'un
frère, par exemple, n'est ordinairement que de six
semaines ; mais si l'on en hérite, il est de six mois,
comme celui de père et mère.

Les deuils généraux imposés par les deuils de
Cour et où l'on drape, sont partagés en trois temps :
la laine ; la soie et les pierreries noires ; le petit
deuil, les diamans.

Dans ceux où l'on ne drape point, les femmes
portent les diamans, et les hommes l'épée et les
boucles d'argent.

Dans les deuils où les jours sont pairs, on prend
le deuil pendant la première moitié, et le petit
deuil pendant la seconde. Dans ceux dont les jours
sont impairs, la plus forte moitié se porte en noir ;
par exemple, si le deuil est de quinze jours, on

---

[1] Bandes de toile blanche ou de batiste, qui se portaient
retroussées sur le bord de la manche de l'habit.

porte le noir les huit premiers jours, et le blanc les sept jours suivans.

Le roi portait, comme précédemment, le deuil en violet. Sa chambre était tendue de même couleur, et l'on tendait de noir les pièces qui la précédaient[1]. On a vu que la durée des deuils de Cour avait été fort diminuée[2]. En 1725, Louis XV garda pendant trois mois seulement celui du czar[3], pendant trois semaines celui de la veuve de l'empereur Charles VI[4]. Selon l'ancien usage, la reine portait le deuil en blanc[5].

Tous les gens de qualité prenaient le deuil de père à la mort de l'aîné de leur famille, même s'ils n'étaient cousins qu'au vingtième degré. Mais ni le roi, ni la reine, ni la Cour ne portaient le deuil des Enfants de France morts au-dessous de sept ans[6].

[1] Duc de Luynes, *Mémoires,* mars 1747, t. VIII, p. 159. — La salle des gardes n'était tendue de noir que pour la mort du roi ou de la reine.

[2] A la mort de Louis XIV, l'empereur d'Autriche fit porter le deuil à Vienne pendant un an « avec cessation des spectacles durant un temps considérable. » Barbier, *Journal,* octobre 1740, t. III, p. 227.

[3] *Mercure de France,* n° de mai 1725, p. 1036.

[4] Barbier, *Journal,* 10 janvier 1751, t. V, p. 8.

[5] Duc de Luynes, 4 mai 1750, t. X, p. 25.

[6] Saint-Simon, t. IV, p. 59, et t. VI, p. 298. — Barbier, t. IV, p. 296.

Un seul personnage en France ne portait
jamais aucun deuil, c'était le chancelier. Chef
suprême de la justice, elle s'incarnait en lui,
et il devait dès lors paraître inaccessible aux
faiblesses humaines. « On a voulu marquer
par là, dit Guyot, que la justice doit toujours
conserver la même sérénité[1]. »

Napoléon voulut, comme on sait, faire re-
vivre à sa Cour les usages de l'ancienne monarchie. Il y exagéra même parfois la sévérité
de l'étiquette, surtout en ce qui concerne le
deuil, qu'il prétendit, à l'imitation des rois
de France, porter en violet. Sur ce point,
l'*Étiquette du palais impérial,* volume qui fut
publié en 1804, renferme un curieux chapitre, auquel j'emprunte ce qui suit :

L'empereur porte le *grand deuil* en violet, habit
de drap boutonné tout du long, sans laisser voir la
chemise ; les manches fermées jusqu'aux poings
et garnies de petites manchettes plates et cousues ;
Le collet garni d'un rabat de toile de Hollande ;
Les bas de laine violette ;
Les souliers de drap violet, avec les boucles
d'acier tirant sur le violet ;
L'épée garnie de même couleur, avec le ceintu-
ron de drap violet ;
Le chapeau noir, garni d'un crêpe violet ;

---

[1] *Traité des offices,* t. IV, p. 174.

Les gants violets avec la garniture.

L'habillement des autres personnes pour le grand deuil, est : cheveux sans poudre, habit de drap noir, souliers bronzés, bas de laine noire, l'épée noire, garnie d'un crêpe, boucles noires, cravate de batiste, pleureuse.

Le second temps du deuil, ou le *deuil ordinaire,* est, pour l'Empereur, habit, veste et culotte de drap violet, bas de soie violette, manchettes de mousseline, boucles et épée d'argent, un ruban violet à l'épée. Et pour les autres personnes, habit de drap noir, bas de soie noire, boucles et épée d'argent, un ruban noir à l'épée.

Le troisième temps du deuil, ou le *petit deuil,* est, pour l'Empereur ainsi que pour les autres personnes, habit noir de soie, épée et boucles d'argent, bas blancs de soie, nœud d'épée noir et blanc.

HABILLEMENT DES FEMMES.

Premier temps, ou grand deuil. Vêtement de laine noire. Pendant la première moitié de ce premier temps, coiffure et fichu de crêpe noir ; pendant la seconde moitié, coiffure et fichu de crêpe blanc garni d'effilé uni.

Deuxième temps, ou deuil ordinaire. Vêtement de soie noire ; en hiver, le pou-de-soie ; en été, le taffetas de Tours ; les coiffures et garnitures en crêpe blanc garni d'effilé.

Troisième temps, ou petit deuil. Le blanc uni, ou le noir et blanc.

Pendant le grand deuil, dans les grandes cérémonies, les hommes ajoutent à leur costume un manteau, un crêpe pendant au chapeau, et une cravate longue.

Le manteau de l'Empereur est en violet, celui des autres personnes est en étoffe de laine noire.

La longueur du manteau se règle suivant le rang de la personne.

La queue du manteau de l'Empereur est longue de cinq pieds; celle du manteau du prince impérial, de quatre pieds; celle du manteau des frères de l'Empereur, de trois pieds et demi; celle du manteau des autres princes, de deux pieds.

Les manteaux des ministres, des grands officiers civils et militaires, et des présidents des grands corps de l'État, ne traînent que de trois à quatre doigts; le manteau des autres personnes descend jusqu'à la cheville.

. . . .

Dans les grands deuils, la chambre et l'antichambre de l'Empereur sont tendues en violet; les carreaux, les fauteuils et les tapis de la chapelle sont également en violet.

Les voitures de S. M. sont aussi drapées de la même couleur.

Les princes de la famille impériale et les princes de l'Empire tendent leur antichambre en noir; leurs voitures sont drapées en noir.

Les ministres, les grands officiers civils et militaires, les présidents du Sénat, du Conseil d'État, du Corps législatif drapent leurs voitures en noir.

. . . .

L'usage en France étant qu'un père et une mère ne portent pas le deuil de leurs enfants, si un fils ou petit-fils de l'Empereur vient à mourir, S. M. ne prend pas le deuil; mais toutes autres personnes le portent, conformément au genre et à la durée déterminés par le règlement.

COULEURS CITÉES.

Albatrin.

Amarante.

Arceny.

Ardant.

Ardoise.

Argenté.

Argentin.

Astrée.

Atrament.

Aurore.

Aviné.

Azur.

— couvert.

— faux.

— obscur.

Azuré.

— changeant.

Bai.

Basané.

Blafard.

Blanc.

— d'albâtre.

— d'argent.

— azuré.

— de Chine.

— de fil.

— gris.

Blanc des Indes.

— d'ivoire.

— de lait.

— de neige.

— pers.

— reluisant.

— verdâtre.

Blême.

Bleu.

— d'application.

— brun.

— de campêche.

— céleste.

— chimique.

— clair.

— cramoisi.

— de cuve.

— d'enfer.

— de la fève.

— de guède.

— grisâtre.

— mignon.

— mourant.

— naissant.

— d'outremer.

— pâle.

— pers.

Bleu petit teint.
— de Prusse.
— de reine.
— remonté.
— de roi.
— de Saxe.
— turquin.
Blond.
Bœuf enfumé.
Boue de Paris.
Brique.
Bronze.
Brun.
— enfumé.
— violet.
Brussequin.
Bureau.
Caca Dauphin.
Café.
— au lait.
— foncé.
Cannelle.
Capucine.
Carmélite.
Carnation de vieillard.
Cassis.
Céladon.
Céleste.
Cendré.
Cerise.
Chair.
Chamois.
Changeant.
Charbon.
Châtain.
Châtaigne.
Chenu.
Cheveux de la reine.
Chocolat.

Cinabre.
Citrin.
Citron.
Colombin.
Coquelicot.
Couleur d'alise.
— de baise-moi, mignonne.
— de chair.
— de cheveux.
— de constipé.
— de désirs amou-reux.
— d'eau.
— d'enfer.
— de faute de pisser.
— de la faveur.
— de Judas.
— d'herbe.
— d'ormus.
— de péché mortel.
— de prince.
— de racleurs de che-minée.
— de rat.
— de roi.
— de sang.
— de selle à dos.
— de serin.
— de sylvie.
— de temps perdu.
— de vérolé.
Cou de canard.
— de pigeon.
Cramoisi.
Crapaud.
Cristallin.
Cuir d'abbaye.
Cuisse de nymphe.

Écarlate.
— amarante.
— ancienne.
— argentée.
— blanche.
— claire.
— cramoisie.
— de France.
— des Gobelins.
— gris de lin.
— incarnate.
— morée.
— paonace.
— passe-velours.
— pensée.
— pourpre.
— rosée.
— rose sèche.
— rouge.
— sanguine.
— vermeille.
— vineuse.
— violette.
Encre.
Entrailles de petit-maître.
Épine.
Espagnol malade.
— mourant.
Face grattée.
Fard.
Fauve.
Feu.
— d'opéra.
Feuille morte.
Fiamette.
Fleur de grenade.
— — pêcher.
— — pommier.
— — seigle.

Fumée d'opéra.
Gingerlin.
Gorge de pigeon.
Graine.
Grièche.
Gris.
— d'agate.
— américain.
— d'Amiens.
— d'ardoise.
— argenté.
— de bièvre.
— blanc.
— blanchâtre.
— blanchet.
— de breda.
— brun.
— de castor.
— cendré.
— d'eau.
— enfumé.
— d'épine.
— d'été.
— de fer.
— lavandé.
— de lin.
— de mauve.
— minime.
— naïf.
— noir.
— noisette.
— obscur.
— d'ours.
— de perle.
— plombé.
— de ramier.
— de souris.
— tanné.
— verdâtre.

Gris vineux.
— violent.
— violet.
Hyacinthe.
Impérial.
Incarnat.
— blanchâtre.
— de chair.
— pâle.
— de rose.
Inde.
Isabelle.
Ivoire.
Jambon.
Jaunâtre.
Jaune.
— beurre frais.
— blafard.
— blanchâtre.
— bois.
— brunâtre.
— chamois.
— de cire.
— citron.
— clair.
— doré.
— marron.
— morne.
— nankin.
— obscur.
— orangé.
— paille.
— revers de bottes.
— rougissant.
— rouille.
— safran.
— serin.
— souci.
— soufre.

Jaune ventre de biche.
— verdâtre.
Jujube.
Jus de nature.
Langouste.
Laque.
Larmes indiscrètes.
Lilas.
Marbré brun.
— vermeil.
— violet.
Mauve.
Méline.
Merde d'enfant.
— d'oie.
Migraine.
Mine.
Minime.
Minium.
Moisi.
Mordoré.
Mouche cantharide.
Moutarde.
Musc.
Nacarat.
Noir.
— bleu.
— brun.
— clair.
— de garance.
— obscur.
Noisette.
— brune.
Ocre.
Œil de roi.
Olive.
— brune.
— rousse.
Opéra brûlé.

Or.

Orangé.

Orpiment.

Outremer.

— cendré.

Paillet.

Pain bis.

Pâle.

Paonace.

Paonnée.

Pastel.

Pêcher.

Pelure d'oignon.

Pensée.

Pers.

— azuré.

— clair.

— marbré.

— noir.

— rosé.

Petit minime.

Piment.

Pistache.

Plomb.

Ploncquié.

Poil de bœuf.

Poix.

Pourpre.

— bis.

— doré.

— inde.

— noir.

— vermeil.

Prasine.

Pruneau.

Prunes de Monsieur.

Puce.

— (cuisse de).

— (dos de).

Puce (jeune).

— (tête de).

— (ventre de).

— (vieille).

Punicé.

Queue de serin.

Ramona.

Ramoneur.

Ris de guenon.

Rosé.

Rose sèche.

Rouan.

Rouge.

— amarante.

— d'Andrinople.

— d'Angleterre.

— brique.

— brun.

— cerise.

— cramoisi.

— éclatant.

— enfumé.

— de garance.

— des Indes.

— levantin.

— obscur.

— ponceau.

— pourprin.

— rosé.

— sang de bœuf.

— vermillon.

— violet.

Roussâtre.

Roux.

— jaune.

Rubican.

Safran.

Sandaraque.

Sang de dragon.

Saumon.
Singe envenimé.
— mourant.
Sinobre.
Sinope.
Sirique.
Souci.
— d'hanneton.
Soufre.
— tendre.
Soupevin.
Soupirs étouffés.
Suie.
— des cheminées de
Londres.
Tabac.
Tanné.
— blanchâtre.
— gris.
— obscur.
— de Paris.
— rougeâtre.
— violent.
— violet.
Tison.
Trépassé revenu.
Triste amie.
Tuile.
Ventre de biche.
— de carmélite.
— de nonnain.
Vermeil.
Vermillon.
Vert.
— américain.
— anglais.
— azuré.

Vert bouteille
— brun.
— canard.
— céladon.
— chou.
— claret.
— d'eau.
— d'émeraude.
— gai.
— gris.
— de gris.
— herbu.
— jaune.
— de laurier.
— de mer.
— merde d'oie.
— molequin.
— naissant.
— ondoyant.
— d'outremer
— perdu.
— perroquet.
— pistache.
— de poireau.
— pomme.
— de printemps.
— de Saxe.
Violet.
— bleu.
— cramoisi.
— girofle.
— pourpré.
— rosé.
Veuve réjouie.
Ynde.
Zinzolin.

CHAPELLERIE ET MODES

I

Le chapel. — L'industrie des coiffures au treizième siècle. — Les chapeaux de paon. — Les chapeaux d'orfrois et les chapeaux d'or. — Statuts des chapeliers d'orfrois. — Les chapeaux d'or de Blanche de Bourbon et de Jeanne d'Évreux. — Les *chaires à pigner* et les *damoiselles à atourner*. — L'escoffion, l'atour, le hennin. — Les femmes changent de coiffure plus souvent que les cerfs. — Les hautes coiffures anathématisées, qualifiées d'invention satanique. — Le chaperon. Ses différentes formes. — Les chaperons de la duchesse de Bourgogne, de Jeanne de Bourbon et du roi Jean. — Le chaperon des dames nobles et celui des bourgeoises. — Le chaperon sous Louis XIII et sous Louis XIV. — Les chapeaux de feutre. — Statuts des chapeliers de feutre. — Les chapeaux de bièvre et les chapeaux de castor. — Richesse des chapeaux de bièvre. — La toque. — Les chapeaux sous Louis XIII et sous Louis XIV. — Variation de la mode des coiffures.

Au moyen âge, toute coiffure était un *chapel*, qu'elle consistât en une couronne royale ou en un simple bonnet de coton. Entre ces deux extrêmes, la distance est grande ; on ne s'étonnera donc pas trop d'apprendre qu'à la fin du treizième siècle la confection des différentes coiffures alors en usage occupait au moins dix corporations distinctes, représentées en 1292 par 151 et en 1300 par 120 chefs d'industrie [1].

C'étaient :

1° Les CHAPELIERS DE COTON. Ils fabriquaient exclusivement des bonnets et d'autres objets tricotés en coton et en laine.

2° Les AUMUSSIERS. Faiseurs d'*aumusses*, nom que l'on donnait à un capuchon pointu qui couvrait la tête et les épaules.

3° Les COIFFIERS. Faiseurs de *coiffes*, bonnets tantôt plats, tantôt semblables à des béguins d'enfant, et dont la mode dura près de deux siècles.

Ces trois corporations se réunirent, et les

[1] Je relève les chiffres suivants dans les *Tailles* de ces deux années :

	Taille de 1292.	Taille de 1300.
Chapeliers de coton.....	47	39
Aumussiers...........	9	8
Coiffiers...........	29	13
Chapeliers de fleurs.....	1	»
Chapeliers de paon......	»	»
Fourreurs de chapeaux...	»	3
Chapeliers de soie.......	5	3
Chapeliers d'orfrois.....	»	3
Chaperonniers	6	6
Chapeliers de feutre.....	7	10
Chapeliers en général....	47	35

maîtres prirent dans la suite le nom de *bon-netiers*.

4° Les CHAPELIERS DE FLEURS. Ils tressaient, en fleurs de la saison durant l'été, en feuillages variés durant l'hiver, des couronnes dont se paraient les hommes et les femmes.

C'étaient en réalité des *jardiniers* et des *bouquetières*.

5° Les CHAPELIERS DE PAON [1]. Faiseurs de

---

[1] Dès le neuvième siècle, on ornait de plumes les coiffures. On ne parait d'ailleurs avoir guère employé, jusqu'au treizième siècle, que les plumes de paon ou de flamant. Suivant M. Quicherat (*Histoire du costume*, p. 195), les chapeaux de paon, parure des prélats et des grands seigneurs, devaient leur nom à ce qu' « ils étaient extérieurement recouverts de plumes de paon couchés sur le rebras de la forme. » Mais M. Gay a reproduit une miniature représentant un personnage coiffé d'un chapeau de forme assez élevée et entièrement composé de plumes de paon. (*Glossaire archéologique*, p. 327).

Les *Tailles* de 1292 et *de* 1300 ne mentionnent pas les chapeliers de paon. Leurs statuts avaient cependant été homologués vers 1268, par le prévôt Étienne Boileau (*Livre des métiers*, titre XCIII.) On y voit qu'ils possédaient tous les privilèges concédés aux corporations les plus favorisées; car, disent-ils, ce « mestier n'apartient fors que as esglises, aus chevaliers et aus haus homes » (Art. 4.) Les chapeliers de paon n'avaient rien à payer pour s'établir; ils pouvaient engager un nombre illimité d'apprentis et d'ouvriers; ils avaient le droit de travailler à la lumière, et ils étaient dispensés du service du guet. Les chapeaux de paon furent sans doute l'objet d'un engouement passager; il n'en est plus question après le quatorzième siècle.

chapeaux de paon, élégantes coiffures dont les plumes de paon formaient le principal ornement.

Ils ont fini par composer, sous le titre de *plumassiers,* une corporation importante.

6° Les FOURREURS DE CHAPEAUX. Ils ne restèrent que peu de temps en dehors de la corporation des *fourreurs.*

7° Les CHAPELIERS DE SOIE. Ce métier était presque exclusivement exercé par des femmes que le *Livre des métiers* nomme *tesserandes de queuvrechiers de soie.*

L'expression *queuvrechier* ou *couvre-chef* s'est appliquée à un grand nombre de coiffures. Au treizième siècle, elle désignait une voilette faite de fil très fin ou de soie. Ceux qui les fabriquaient étaient donc des *tisserands de soie.*

8° Les CHAPELIERS D'ORFROIS.

9° Les CHAPERONNIERS.

10° Les CHAPELIERS DE FEUTRE.

Il ne serait pas difficile de rendre cette liste plus longue encore. Les LINGÈRES, par exemple, vendaient des bonnets de linge de toutes sortes. Les NATTIERS tressaient des chapeaux de paille. Les CRÉPINIERS, devenus ensuite *passementiers,* confectionnaient une coiffure appelée *coiffe à dame* ou *crépine*, sorte de calotte de soie recouverte d'une résille. Mais ce n'était là, pour ces corporations, que l'accessoire d'autres spécialités.

En somme, nos chapeliers et nos modistes descendent en ligne directe des *chapeliers d'orfrois,* des *chaperonniers* et des *chapeliers de feutre* du moyen âge.

On appelait, d'une manière générale, *orfreis* ou *orfrois* toute espèce de broderie enrichie de perles et de pierres précieuses; mais ce nom était plus spécialement donné à un galon de fil d'or qui servait à border les chapes, les chasubles des prêtres et aussi les chapeaux des femmes [1]. Ceux-ci, les plus riches que l'on ait jamais portés, étaient dits *chapeaux d'orfrois, chapeaux d'or* ou *chapeaux de perles.* Aussi les ouvrières qui les montaient s'intitulent-elles, dans les statuts qu'elles rédigèrent pour leur corporation vers 1268, *fesseresses de chappeaux d'or* et *fesseresses de chapiaux d'orfreis* [2].

On y voit que le métier était libre [3]. Pour

---

[1] Les ouvriers qui le fabriquaient se nommaient *orfroisiers*. Les *Tailles de* 1292 et *de* 1300 en citent chacune un seul. On trouve un grand nombre de dessins d'orfrois reproduits dans le *Dictionnaire du mobilier* de Viollet-le-Duc, t. IV, p. 194 et suiv.

[2] *Livre des métiers,* titre XCV.

[3] Article 1.

avoir le droit de s'établir, il suffisait donc de prouver que l'on possédait l'aptitude professionnelle et le capital nécessaires.

La durée de l'apprentissage était de huit ans pour l'enfant sans argent, de six ans seulement pour celui ou celle qui apportaient quarante sous [1].

On ne pouvait engager d'apprenti avant d'avoir exercé pendant une année au moins [2].

Le travail à la lumière était interdit [3]. Aussitôt le jour tombé, on ne devait plus même enfiler des perles [4].

La corporation était surtout composée de femmes, mais l'on n'en excluait pas les hommes [5]. Les trois jurés nommés par le prévôt de Paris en 1309 sont Robert le fermaillier, Alis de Valenciennes et Jehanne l'aisnée.

Le mot *chapeau d'or* [6] désignait ordinairement le cercle de métal, la véritable couronne même dont les femmes nobles ornaient alors

---

[1] 240 francs environ de notre monnaie, d'après la théorie aujourd'hui admise, et à laquelle on ne doit, je crois, attribuer qu'une confiance fort limitée. Voy. *Comment on devenait patron*, p. 119.

[2] Article 2.

[3] Article 4.

[4] « Fere oevres enfilées de pelles. » Article 5.

[5] Articles 8 et 9.

[6] Un *chapel de fer* était un casque.

leur tête [1]. Quant au *chapeau d'orfrois*, l'or et la soie s'y mêlaient, comme le rappellent ces vers du *Roman de la rose*[2] :

> S'ot ung chapel d'orfrois tout nuef
> Je qu'en oie véu vint et nuef,
> A nul jor mes véu n'avoie
> Chapel si bien ouvré de soie [3].

En 1358, le roi Jean donna à Blanche de Bourbon, reine de Castille, une couronne d'or et un « chapel d'or, garni de douze ballays [4], de vingt esmeraudes, de seize dyamans et de quarante grosses perles[5]. » Jeanne de France, fille du même roi, possédait, outre des couronnes, plusieurs chapeaux d'or; l'un d'eux était orné de « quatre troches [6] de perles de chascune douze perles, vingt-huit pièces de rubiz, huit grosses esmeraudes, cinq autres moiennes, huit autres petites et huit dyamens[7] » . Dans l'inventaire dressé (1372) après

---

[1] Voy. Viollet-le-Duc, *Dictionnaire du mobilier*, t. III, p. 187 et suiv.

[2] Édit. elzév., t. I, p. 56, vers 583 à 586.

[3] Son chapel d'orfrois était tout neuf. Moi qui en ai vu plus de vingt-neuf, je n'en avais jamais vu, etc.

[4] Rubis balais.

[5] *Dépenses faites à l'occasion du mariage de Blanche de Bourbon*, p. 300.

[6] Touffes ou boutons.

[7] *Comptes d'Étienne de la Fontaine, argentier du roi Jean*, p. 168.

la mort de Jeanne d'Évreux, troisième femme de Charles le Bel, figurent neuf ou dix chapeaux d'or où brillaient des perles, des saphirs, des émeraudes, des rubis, etc. [1] On comprend que des coiffures de ce genre n'étaient pas à la portée de tout le monde, la corporation qui les confectionnait resta donc toujours peu nombreuse. La *Taille de* 1292 cite seulement 2 chapelières et 1 chapelier de perles.

Bien des siècles devaient s'écouler encore avant l'invention des glaces. Pour assujettir ces merveilleux chapeaux, les femmes s'asseyaient sur leur *chaire à pigner* [2], qui était placée devant la *demoiselle à atourner*. On nommait ainsi un porte-miroir, tournant sur un pied, et auquel les femmes suspendaient des coiffures et leurs menus objets de toilette. La pièce importante de ce petit meuble était un miroir, fait d'acier, d'argent, d'ivoire ou de

---

[1] Dans Leber, *Dissertations sur l'histoire de France,* t. XIX, p. 123.

[2] Meuble également à l'usage des hommes, comme le prouve cet extrait d'un compte de 1387 : « Jehan le Huchier, charpentier, demourant à Paris, pour deniers à lui paiez, qui deubs lui estoient, pour le fust d'une chaière de bois de noyer, appellée faulx d'estueil, achattée de lui le xxve jour de janvier ccc iiij^{xx} et vij, pour faire une chaière à pigner le chief du roy nostre sire... » Dans Douët-d'Arcq, *Nouveaux comptes de l'argenterie,* p. 224.

cristal. On trouve dans un compte de Jeanne de Bourgogne en 1316 : « Pour trois chaères [1], deux à laver et une à seoir, et pour deux damoyselles, 110 sols [2], » et dans l'inventaire des biens de Clémence de Hongrie en 1328 : « Item, une desvidouère, une damoisele, unes tables et un estui [3]. » L'inventaire de Jeanne d'Évreux mentionne « une damoiselle, en façon d'une seraine [4] d'argent doré, qui tient un mirouer de cristal en sa main [5]. »

Les femmes eurent le bonheur de porter des chapeaux d'or depuis le milieu du treizième siècle jusqu'au début du quinzième. Au reste, durant cette période, on finit par donner le nom de chapeaux d'or à toutes les coiffures que l'on enrichissait de perles et de pierres précieuses. Cette addition suffisait pour transformer un escoffion, un chapeau de feutre ou un chapeau de bièvre en un chapeau d'or.

L'escoffion, comme le hennin, fit sa glorieuse apparition vers la fin du quatorzième siècle : « Et quelque guerre qu'il y eut, écrit

---

[1] Chaires, sièges.

[2] Dans Douët-d'Arcq, *Comptes de l'argenterie*, p. 369.

[3] Voy. Viollet-le-Duc, *Dictionnaire du mobilier*; t. II, p. 90.

[4] Une syrène.

[5] Dans Leber, t. XIX, p. 135.

Juvénal des Ursins [1], tempestes et tribulations, les dames et damoiselles menoient grand et excessif estat, et cornes merveilleuses, hautes et larges. Et avoient de chascun costé deux grandes oreilles si larges que, quand elles vouloient passer l'huis d'une chambre, il falloit qu'elles se tournassent de costé et baissassent, ou qu'elles n'eussent pu passer. La chose desplaisoit fort à gens de bien. » L'escoffion représentait une sorte de coussin revêtu d'une résille et presque toujours enrichi de joyaux. Le coussin était souvent remplacé par des bourrelets d'étoffes ou même de linges empesés [2], ce qui permettait de varier la forme de l'atour : on eut des escoffions en cœur, en trèfle, à cornes, etc. [3] Eustache Deschamps,

---

[1] *Histoire de Charles VI*, édit. Michaud, p. 533.

[2] « 12 juillet 1416. A. Jehan Beguin, pour une livre de gosme, achetée de lui et délivrée à Ysabeau l'ouvrière, pour servir à empeser l'atour de la dite dame, 6 sols. — A Denisot Rapine, pour fleur [de farine], pour l'atour de la dite dame, 2 sols. » Jean Chartier, *Chronique*, édit. elzév., t. III, p. 277 et 280.

[3] Voy. Montfaucon, *Monumens de la monarchie françoise*, t. III, p. 68, et t. IV, p. 60.

Le mot *escoffion* et son diminutif *scoffion* restèrent dans la langue jusqu'au dix-huitième siècle (voy. le *Dictionnaire de Trévoux*, au mot *escoffion*.) C'est ainsi que Larivey fait dire à Catherine : « J'ay veu Françoise toute vestue de velours cramoisy violet, ayant sur sa teste un riche scoffion d'or

D'après Montfaucon

dans une ballade célèbre, reproche aux femmes de son temps les continuelles variations de leurs coiffures, et leur fait observer que le cerf change la sienne seulement une fois par an :

L'en voit les cers naturelement muer
L'an une foiz le merrien de leurs testes,
Et leur souffist un an cellui porter
Sanz changement. Mais les dames sont prestes
D'entrechangier aux jours communs, aux festes
L'abit des chiefs en estrange manière [1].

Sous l'influence d'Isabeau de Bavière [2], les atours prirent un énorme développement en hauteur, préparant ainsi l'avènement du *hennin*, coiffure de dimension extravagante, seyante pourtant, et dont on a peut-être trop médit. Elle se composait, comme on sait, d'un cornet terminé soit en pointe, soit en cône tronqué, et sur lequel flottait un voile, dit *flocard*, qui descendait au moins jusqu'au bas des reins. Les bourgeoises se contentaient d'un petit hennin de cinquante à soixante cen-

semé de pierreries. » (*Les laquais,* pièce jouée vers 1570, acte V, sc. 5.)
Mascarille dit de même à Célie :
D'abord leurs scoffions ont volé par la place.
(*L'étourdi,* joué vers 1654, acte V, sc. 9).

[1] Édit. Tarbé, t. I, p. 141.
[2] Voy. *Le vêtement,* p. 112 et suiv.

timètres; mais les grandes dames ne crai-
gnaient pas d'arborer de nobles hennins
élevés d'un mètre, et aussi d'exagérer la longueur du voile.

Les femmes, dit Louis Guyon [1], couvroyent leur
teste d'un haut bonnet, pointu comme un pain de
succre, et il y avoit des bastons dedans pour luy
faire garder sa forme, qui estoit coustumièrement
de couleur violette ou rouge, de matière de drap
pour les vulgaires, et de taffetas, de satin ou de
veloux pour les nobles et illustres. Et contenoyent
tous leurs cheveux soubs ce chapeau pointu. Et
y avoit une bride qui passoit soubs le col pour
le faire tenir, car le vent l'eust fait voler à tout
coup. Mais il avenoit souvent que, passans à cheval
soubs des arbres ou lorsqu'elles vouloient entrer
dans des logis où les portes estoyent basses, que
leurs chapeaux tomboyent, les brides rompues.
Aussi quand leurs maris les battoyent, la première
chose estoit de faire tomber ce bonnet à pain de
succre.

Les miniatures des anciens manuscrits nous
prouvent néanmoins que cette coiffure présentait assez de stabilité pour permettre l'exercice du cheval. La noble dame passait la queue
du flocard sur son bras gauche, et pourvu
qu'elle ne s'engageât pas sous de trop jeunes
taillis, chevauchait en toute sécurité.

---

[1] *Diverses leçons*, édit. de 1625, t. II, p. 133.

CHARLOTTE DE SAVOIE, FEMME DE LOUIS XI.

Les prédicateurs du quinzième siècle se déchaînèrent contre les hennins, leur déclarèrent une guerre implacable. La mode de ces clochers ambulants avait débuté dans le nord, dans les Flandres, l'Artois, le Cambrésis, le Ponthieu. Elle y fut aussitôt attaquée par un religieux Carme, originaire de Rennes, et que l'on trouve nommé Thomas Couette, Conette, Connecte, etc. Frère Thomas qui, paraît-il, était doué d'une éloquence très persuasive, quitta un beau jour son couvent, et se mit à parcourir le monde, déclamant avec véhémence contre les désordres du clergé, contre le luxe des femmes et surtout contre leurs bonnets démesurés. Il réussit très bien. On vit même des enfants poursuivre et abattre à coups de pierres d'audacieux hennins dans les rues. Les femmes, dit finement Monstrelet (et après lui Paradin), agirent comme les limaçons, « lesquels quand ils entendent quelque bruit retirent et resserrent tout bellement leurs cornes; mais le bruit passé, soudain ils les relèvent plus grandes que devant. Ainsi firent les dames, car les hennins et atours ne furent jamais plus grands, plus pompeux et superbes qu'après le partement de frère Thomas [1]. »

[1] Monstrelet, *Chronique;* année 1428, édit. Douët-

L'austère Carme eut le tort de vouloir étendre ses réformes sur un autre terrain que la toilette féminine, de sorte que ce fougueux adversaire des hauts bonnets fut brûlé vif en 1434.

Dans l'intervalle, les hennins avaient conquis Paris. Il se trouva bientôt un autre religieux pour les combattre, frère Richard, un Cordelier qui fut confesseur de Jeanne d'Arc. En 1429, il précha le carême dans le cimetière des Innocents, et autour du « hault eschaffaut » qu'il y avait fait élever, se pressèrent à certains jours plus de six mille auditeurs. L'enthousiasme qu'il excita fut tel que l'on vit des femmes allumer un grand feu au milieu de la rue et y jeter pêle-mêle leurs vaniteuses coiffures et leurs pompeux ajustements[1]. « Et vraiement, dit le *Bourgeois de Paris* dans son *Journal*, dix sermons qu'il fist tournèrent plus le peuple à dévocion que tous les sermonneurs qui, puis cent ans, avoient presché à Paris[2]. »

---

d'Arcq, t. IV, p. 304. — Paradin, *Annales de Bourgogne*, liv. III, p. 701. — Le texte que je reproduis est celui de Paradin.

[1] On vit des femmes « ardoir, devant tous, les atours de leurs testes; les damoiselles laissèrent leurs cornes et leurs queues et grand foison de leurs pompes. »

[2] Édit. Tuetey, p. 234.

D'après *Les tournois du roi René*.

Frère Richard ne fut pas brûlé comme frère Thomas, et il obtint un succès tout aussi grand, tout aussi durable. Le carême à peine terminé, les hennins reparurent plus riches et plus hardis que jamais.

> Je fais lever ces bonnets et atours
> Sy haultement qu'ils ressemblent à tours,

disait l'Amour dans une satire du poète Pierre Michault [1]. Et Monstrelet écrivait, trente-huit ans après les sermons de frère Richard : « Les femmes meirent sur leurs testes bourrelets à manière de bonnet rond qui s'amenuisoit par dessus, de la hauteur de demie aulne ou de trois quartiers [2] de long : tels y avoit, et déliez couvrechiefs [3] par dessus, pendans par derrière jusques à terre [4]. »

A la fin du siècle, le Cordelier Pierre des Gros présentait encore les hennins comme une invention satanique : « Ce grand estendard que portent les femmes, écrivait-il, ce grand couvrechief délié qui leur pend jusques à leur derrière, c'est signe que le dyable a

---

[1] *La dance aux aveugles,* édit. de 1748, p. 16.
[2] Ou de trois quarts d'aune.
[3] Voiles.
[4] Monstrelet, *Chronique,* année 1467, édit. de 1572, t. III, p. 130, verso. Voy. aussi les *Mémoires* de Duclercq, édit. Michaud, p. 640.

gaigné le chasteau contre Dieu. Quant les
gens d'armes gaignent une place, ils mettent
leur estendart au-dessus [1]. »

Si ces moralistes, animés des meilleures in-
tentions, se fussent bornés à avancer qu'il
n'était pas besoin de si grands édifices pour
recouvrir de bien légères cervelles, je ne
leur donnerais pas tout à fait tort ; mais ils
faisaient de la coquetterie un péché mortel,
ce qui condamnerait aux peines éternelles une
bonne moitié du genre humain. Leur but était
de ramener toutes les femmes au chaperon,
coiffure sage et hygiénique, qui abritait indis-
tinctement les têtes des deux sexes, et qui eut
l'honneur de jouer à Paris un bout de rôle
dans nos discordes civiles.

Le *chaperon* datait de la fin du douzième
siècle, et de nombreuses modifications successivement apportées à sa forme primitive le
maintinrent à la mode durant près de quatre
cents ans. Ce ne fut guère, au début, qu'un
capuchon qui pouvait, suivant l'occasion, être
placé sur la tête ou rejeté sur le dos. Il se per-
fectionna bientôt, et nous le trouvons alors

---

[1] *Le jardin des nobles* (inédit). Extrait publié par Paulin
Paris, dans *Les manuscrits de la bibliothèque du Roi*, t. II,
p. 156.

JEAN DE MONTFORT ET SA FEMME.

D'après un manuscrit de Froissart.

composé de trois parties, dont chacune avait
un nom : la *visagère*, ouverture qui encadrait
le visage ; le *guleron*, large coiffe qui recevait
la tête, et la *cornette*, bande de tissu qui partait du centre du guleron et pendait en arrière.
Vers le début du quatorzième siècle, les
hommes eurent l'idée de mettre la tête dans
la visagère, et transformèrent ainsi le chaperon en une sorte de casquette ; le guleron
forma alors un fouillis d'étoffe sur la tête, et
la cornette retomba où elle put, tantôt sur
une oreille, tantôt sur l'autre. La visagère,
qui était fort difficile à trouver au milieu d'un
attirail si compliqué, se vit ensuite remplacée
par un bourrelet fixe et solide. A dater du
quinzième siècle, le chaperon ne fut guère
porté autrement ; mais on exagéra de plus en
plus la longueur de la cornette, qui finit par
descendre jusqu'à la ceinture et même par s'y
enrouler.

Les femmes ne le portèrent jamais ainsi.
Sous Charles VII et sous Louis XI, leur chaperon ressembla un peu à nos sorties de bal ;
c'était une coiffe légèrement relevée sur le
front qui tombait le long des oreilles et recouvrait la nuque. Sous Charles VIII, le chaperon des femmes devient plus court par

derrière et descend plus bas sur les côtés.
Sans changer de forme, il perd un peu de son
ampleur sous François Ier. Sous Louis XII et
Louis XIII, ce n'est plus qu'une bande d'étoffe
posée à plat sur la tête et pendant en arrière
plus ou moins bas.

Qu'il fût destiné à un homme ou à une
femme, le chaperon était fait de drap, de soie
ou de velours. Quand il n'était ni doublé, ni
fourré, il se nommait *chaperon sangle* ou
sengle [1], par opposition au *chaperon double* [2],
qui était doublé soit par une autre étoffe, soit
par une fourrure [3].

Il y en eut de presque aussi riches que les
chapeaux d'or dont j'ai parlé plus haut. Le
1er janvier 1371, le duc de Bourgogne « donna
en estrennes » à la duchesse un chaperon sur
lequel brillaient six cents grosses perles et
cinquante onces de petites perles [4]. Jeanne de

---

[1] Du latin *singulus*.

[2] « Pour demie aulne d'escarlate rosée de Brucelles,
achattée ce jour pour faire deux chapperons, l'un double et
l'autre sangle, pour le Roy nostre Seigneur ». [Charles VI.]
Compte de 1387, dans Douët-d'Arcq, *Nouveaux comptes
de l'argenterie*, p. 120.

[3] « Pour demie aulne d'escarlate sanguine de Broixelles.
achatté ledit jour pour faire un chaperon fourré de cendal
pour ladite dame. » [Isabeau de Bavière.] *Ibid.*, p. 137.

[4] *Itinéraire de Philippe le Hardi*, publié par Ernest
Petit, p. 483.

D'après *Le kalendrier des bergère*.
1580.

10.

Bourbon, femme de Charles V, pouvait contempler dans ses armoires onze chaperons de
satin ou de velours, ornés de perles et de
broderies[1]. Les femmes n'avaient pas le privilège des ces riches coiffures. Le roi Jean
était l'heureux possesseur d'un chaperon dont
la description nous a été transmise en ces
termes par Étienne de la Fontaine, son argentier : « Pour [un chaperon de deux es-
carlattes[2], brodé à plusieurs et divers ouvrai-
ges de perles grosses et menues. C'est assavoir :
Le champ brodé de 44 arbreciaux à grans
touffes de fueillages de brodeure, dont les
tiges sont de grosses perles, à un pymart[3] de
broderie d'or nué[4] sur chaque tige. Et le tour
dudit chaperon brodé à une roe d'une orbe-
voie[5] à quatorze chapiteaux tout de perles
grosses et menues ; es quelx chapiteaux a
hommes sauvages de brodeure montez sur
diverses bestes[6]... » Il est bien regrettable
qu'Étienne de la Fontaine n'ait pas cru devoir

---

[1] *Inventaire des meubles de Charles V,* édit. Labarte,
p. 394.

[2] Draps écarlates.

[3] L'oiseau nommé pivert.

[4] Dans un ouvrage de broderie, l'or était dit *nue* quand il
servait de fond au dessin.

[5] Une roue ou un cercle formé d'arcades feintes.

[6] Douët-d'Arcq, *Comptes de l'argenterie,* p. 146.

nous donner un dessin de ce précieux couvre-
chef.

Le chaperon n'a rien perdu de sa vogue au
siècle suivant, mais il varie d'après la condition des personnes. Les dames nobles le
portent en satin ou en velours; les bourgeoises n'ont pas droit à de si riches étoffes,
leur chaperon ne peut être que de drap et de
couleur noire ou rouge. Tout ceci nous est
révélé par le chroniqueur Olivier de la Marche,
dans un de ses opuscules poétiques :

Les chaperons d'honneste contenance
Des dames sont de velours ou satin,
Et les bourgeoises les ont, par différence,
De beau drap noir ou rouge, à leur plaisance[1].

Il en était de même à la fin du seizième
siècle, car l'ambassadeur vénitien Lippomano
écrivait en 1577 : « La femme noble porte
sur la tête un chaperon de velours noir ou
une grande coiffe de réseau en rubans d'or ou
de soie, ou bien ornée de joyaux ; elle a un
masque sur le visage. Les femmes des bourgeois se servent d'un chaperon de drap, car
la coiffure en soie et le masque leur sont dé-
fendus[2]. »

---

[1] *Le parement et triumphe des dames*, chap. XXIII.
[2] *Relations des ambassadeurs vénitiens*, t. II, p. 557.

D'après Montfaucon.

A l'occasion du sacre de Marie de Médicis [1], on avait dressé dans le chœur de l'église un « amphitéâtre somptueux, paré, dit la relation officielle, de toutes les dames principales de la France, avec tel choix et ordre qu'il n'y entroit pas une sous-dame, ny femme de chapperon de drap [2]. » Cette règle présentait bien quelques exceptions. Les nourrices des enfants de France, par exemple, étaient autorisées à porter le chaperon de velours [3]. Louise Bourgeois le prit aussi après qu'elle eut accouché Marie de Médicis [4].

Sous Louis XIII, le chaperon n'est plus guère porté par les grandes dames. Tallemant des Réaux cite un personnage qui avait épousé une roturière et lui défendait de se montrer dehors avec ses filles, « parce que, étant sortie de bas lieu, elle ne voulut jamais quitter son chaperon, et le père ne vouloit pas qu'une bourgeoise allast avec ses filles [5]. »

[1] 11 mai 1610.

[2] Godefroy, *Cérémonial françois*, édit. de 1649, t. I, p. 560.

[3] J. Nicot, *Thrésor de la langue françoyse*, édit. de 1606, p. 113.

[4] Voy. dans les *Variétés chirurgicales*, p. 82, le portrait de Louise Bourgeois coiffée du chaperon.

[5] *Historiettes*, t. III, p. 46.

Ailleurs, parlant de la femme d'un procureur, et voulant peindre d'un trait la bizarrerie de son caractère, il raconte qu'elle portait à la fois un chaperon, marque de bourgeoisie, et des pendants d'oreille, dont l'usage était alors réservé aux nobles dames [1].

Les femmes n'avaient pas encore, sous Louis XIV, tout à fait renoncé au chaperon, mais il était réduit à une étroite bande d'étoffe, dont les petites bourgeoises recouvraient leur bonnet blanc.

Les hommes de robe conservèrent aussi fort longtemps le chaperon ; toutefois, dès la fin du quinzième siècle, il cessa de constituer une coiffure et devint un ornement. Sur la tête, ils mirent la barrette, bonnet assez semblable au fez des Égyptiens, tandis que le chaperon, de dimension très réduite, pendait sur l'épaule [2]. C'est là l'origine de la *chausse* de soie qui décore aujourd'hui la robe de nos professeurs de Facultés. La partie ronde représente la coiffe ou guleron de l'ancien chaperon, la patte et la cornette se retrouvent dans les appendices. Notre expression : *deux*

---

[1] Tome V, p. 89.

[2] Voy. G. Paradin, *Histoire de Lyon*, édit. de 1573 p. 272.

têtes dans un bonnet n'existait pas encore. On
disait : *deux têtes dans un chaperon* « quand on
vouloit signifier deux hommes qui sont de
mesme volonté et colludent [1] ensemble [2]. »

Je n'ai pas retrouvé les statuts des chaperonniers [3], et les *Tailles de* 1292 et *de* 1300
en citent seulement six, chiffre certainement
bien au-dessous de la vérité. Les autres sont
donc compris, selon toute apparence, parmi
les *chapeliers* dont la spécialité n'est pas in-
diquée.

Au treizième siècle, les hommes portèrent,
outre le chaperon, des chapeaux de feutre,
d'aspects très variés. Les uns, de forme ronde
et basse, avaient les bords relevés en gout-
tière autour de la coiffe ; les autres, plus
élevés de forme et sans bords, ressemblaient
fort à un boisseau renversé ; d'autres rap-
pelaient absolument nos chapeaux de feutre
actuels. En général, on ornait tous ces chapeaux tantôt d'une enseigne, joyau placé sur

[1] Et sont dans une parfaite intelligence.
[2] Ét. Pasquier, *Recherches sur la France,* liv. VIII, chap.
XVIII, t. I, p. 794.
[3] On donnait encore ce nom aux ouvriers qui fabriquaient
les chaperons destinés à coiffer les oiseaux de leurre. Cependant la *Taille de* 1313 ne l'emploie pas ; elle mentionne
dans la *ruelle sans chief* (auj. rue de Fourcy) « Pierre de
Noyon, qui fait chaperons à oisiaus. »

le devant et d'où partait une plume, tantôt
de cordons plus au moins riches, comme le
prouve ce vers du *Dit d'un mercier* [1] :

> J'ai beau laz à chapeau de feutre.

Les chapeliers de feutre présentèrent, vers
1268, leurs statuts à l'homologation du prévôt
Étienne Boileau [2].

On y voit que le métier était libre [3]. L'ouvrier pouvait donc s'établir sans avoir aucun
droit à payer.

En dehors de son fils ou d'autres membres
de sa famille, chaque maître ne devait avoir
à la fois qu'un seul apprenti [4]. L'apprentissage
durait sept ans au moins, et la somme exigée
de l'enfant ne pouvait être inférieure à dix
sous [5], qui étaient versés dans la caisse de la
confrérie [6].

Le contrat d'apprentissage prenait fin si le
maître et l'apprenti s'accordaient pour le
résilier [7].

Le travail à la lumière était interdit. « Nus

[1] Voy. *Le vêtement*, introduction, p. 5.
[2] Dans le *Livre des métiers*, titre XCI.
[3] Article 1.
[4] Article 2.
[5] Peut-être une soixantaine de francs de notre monnaie.
[6] Article 3.
[7] Article 4.

chapelier de feutre ne puet ouvrer devant
que la gueite ait corné le jour, ne ouvrer de
nuiz [1]. » Il faut se rappeler que, chaque matin
au petit jour, le cor du guet sonnait à l'une
des tours du Châtelet. Ce signal, nommé
guette cornée, rendait la liberté aux bourgeois
qui avaient fait le service du guet pendant la
nuit.

Tous les dimanches, une boutique restait
ouverte à tour de rôle [2].

Le colportage dans les rues était défendu [3].

De même que les drapiers avaient le droit
de teindre eux-mêmes leurs draps, les chapeliers étaient autorisés à teindre leurs chapeaux, et ils conservèrent toujours ce privilège [4].

Le feutre employé ne devait être composé
que de laine d'agneau, « que d'aignelins purs
sanz bourre [5], » sans aucun mélange d'empois
ou de colle [6] ; c'est le seul détail de fabrication qui nous soit fourni. On interdisait aussi

[1] Article 5.
[2] Article 9.
[3] Article 15.
[4] Article 6. Et voy. l'*Instruction générale* du 18 mars
1671, art. 88.
[5] Article 7.
[6] Article 8.

de « retaindre nuz chapiaux viez [1], » afin que
le commerçant n'eût pas la tentation de les
faire passer pour neufs. Tout chapeau reteint
était brûlé, et le chapelier coupable payait
une amende de cinq sous [2].

Trois jurés administraient la communauté [3].

La *Taille* de 1292 cite sept chapeliers de
feutre, celle de 1300 en mentionne dix. On
trouve, en outre, dans la première dix et dans
la seconde huit *feutriers* ou apprêteurs de
feutre.

Ces statuts furent revisés en 1323 [4], et l'on
voit alors figurer parmi les matières que les
chapeliers de feutre sont autorisés à mettre
en œuvre le camelin et la bièvre. Le camelin
était un drap commun, dans lequel il entrait
ordinairement du poil de chèvre [5]. La bièvre
est le castor de nos contrées. Les bièvres
étaient alors très nombreuses en France,
paraît-il, et ce serait, dit-on, en souvenir de
ces rongeurs que le petit cours d'eau situé
sur la rive gauche de Paris aurait reçu le nom

[1] Vieux.
[2] Article 6.
[3] Article 10.
[4] Dans Depping, *Ordonnances relatives aux métiers*,
p. 249.
[5] Voy. *La draperie.*

de Bièvre [1]. Ce n'est pas bien sûr ; mais ce qu'il y a d'incontestable, c'est que durant tout le quatorzième siècle, les chapeaux de bièvre, à l'usage des hommes comme des femmes, firent fureur. On leur prodiguait les plus riches ornements, on les doublait de velours et d'hermine, on les couvrait de broderies, de perles, d'émaux et de pierres précieuses. En 1351, le roi Jean offrait à son fou « un chappel de bièvre, fourré d'armines, couvert par-dessus d'un rosier dont la tige estoit guippée d'or de Chippre [2] et les feuilles d'or soudi [3]; ouvré par dessus d'or de Chippre, de grosses perles de compte [4]. Et par les costez avoit deux grandes quintefeuilles d'or soudi, semées de grosses perles, de grenas et de pièces esmaillées. Et par dessus le chappel en haut avoit un dauphin fait d'or nué [5] près

---

[1] « Cette rivière estoit très peuplée de bièvres, qui sont les mêmes animaux que ceux dont on nous apporte les peaux du Canada sous le nom de castors. » *Dissertation sur l'origine des moulins à barbe,* dans Éd. Fournier, *Variétés historiques,* t. II, p. 55.

[2] D'or filé.

[3] D'or en feuille.

[4] Perles trop grosses pour être vendues en masse à l'once, et trop petites pour être estimées suivant leur grosseur. Elles se vendaient à la pièce.

[5] Ici, le mot *nué* signifie nuancé, disposé de manière à donner des dégradations de teintes presque insensibles.

du vif [1] tournant à vis sur un tuyau d'argent [2]. »
Voici maintenant la description d'un des nombreux chapeaux qui furent donnés à Blanche de Bourbon en 1352, à l'occasion de son mariage avec Pierre le Cruel, roi de Castille :
« Un chapel de bièvre à parer, ouvré sur un fin velluau vermeil de grainne [3], ouquel chapel avoit enfans fais d'or nué près du vif qui abatoient glans de chesne dont les tiges estoient de grosses perles et feuilles d'or de Chippre à un point, lesquelx glans estoient de grosses perles de compte. Et par dessoubs les chesnes, avoit pors, sengliers faiz d'or nué près du vif qui mangeoient les glans que lesdits enfans abatoient. Et par dessus les chesnes, avoit oiseaux de plusieurs et estranges manières fais d'or nué près du vif le miez que l'on povoit. Et la terrasse [4], par dessoubz les pors, faicte et ouvrée de fleurettes d'or à un point de perles et de plusieurs petites bestellettes semées par my la dicte terrasse. Lequel chapel estoit cointi [5] par dessus de grans

---

[1] Ressemblant à la nature. Les *vifs* d'une statue sont ses parties charnues.

[2] De Laborde, *Notice des émaux*, t. II, p. 206.

[3] Brodé sur un fin velours teint avec la graine d'écarlate ou kermès.

[4] Le sol.

[5] Orné.

quintefeuilles d'or soudé, treilli d'or de Chippre par dessus et dessoubs, et semé par my de grosses perles de compte, de pièces d'esmaux de plicte [1] et de guernas [2] ; garni avec tout ce de gros boutons de perles dessus et dessoubs, et d'un bon las de soye [3].,»

Isabeau de Bavière, mariée à quatorze ans en 1385, reçut du roi, durant l'année suivante, dix chapeaux de bièvre, savoir :

2 à la Chandeleur.

2 à Pâques fleuries.

2 à la grand' Pâques.

2 à l'Ascension.

2 à la Pentecôte [4].

Les chapeaux de bièvre et de feutre, ces derniers surtout, restèrent à la mode même après l'adoption de la toque, dérivée du chaperon. Sous Henri II, sous Charles IX et sous Henri III, les hommes portent des chapeaux semblables à nos *melons* actuels. Sous

---

[1] On nommait *émaux de plicte, de plique, de plite, d'oplite,* etc., des émaux exécutés sur de petites plaques, et disposés de manière à pouvoir être soudés à une pièce d'orfèvrerie ou cousus sur une étoffe..

[2] Grenats.

[3] Douët-d'Arcq, *Comptes de l'argenterie,* p. 298.

[4] Voy. Douët d'Arcq, *Nouveaux comptes,* p. 210. — Sur ces livraisons de vêtements aux grandes fêtes, voy. *Le vêtement,* p. 76 et suiv.

Louis XIII, ils deviennent énormes, ce sont alors de lourds feutres chargés de plumes et munis d'ailes assez vastes pour préserver le corps tout entier du soleil et de la pluie. Brantôme, resté fidèle à la toque, voyait avec colère « ces grands fatz de chapeaux, que l'on porte garnys de plus de plumes en l'air qu'une autruche ne peut fournir en chascun [1]. » Sous Louis XIV, les coiffures reprennent des proportions plus modestes, et la mode nouvelle est saluée des mêmes railleries qui avaient accueilli la précédente :

> Ne voudriez-vous point, dis-je, sur ces matières
> De vos jeunes muguets m'inspirer les manières,
> M'obliger à porter de ces petits chapeaux
> Qui laissent éventer leurs débiles cerveaux [2]?

Molière écrivait ceci en 1661, et le *Mercure galant* [3] constatait, onze ans après, que « les hommes portent toujours leurs chapeaux si grands que les vieillards (qui, peur de paroistre ridicules en avoient de grands pendant qu'on en portoit de petits) paroissent présentement ce qu'ils vouloient éviter d'estre, parce qu'ils n'ont point voulu changer de mode, et que les

[1] *OEuvres*, t. I, p. 45.
[2] *L'école des maris*, acte I, sc. 1.
[3] Année 1672, p. 278.

grands chapeaux de ce temps-là sont les petits d'aujourd'huy. »

C'est sous Louis XIV aussi que se place l'épisode héroï-comique des chapeaux de castor, dont je parlerai en son lieu.

Mais je tiens à ce qu'il soit bien entendu que je n'ai pas eu l'intention d'énumérer dans cette notice toutes les variétés de coiffures qui se sont succédé du treizième au dix-neuvième siècle. Je vous le dis en vérité, elles sont aussi nombreuses que les étoiles du ciel et les grains de sable de la mer. Au début du dix-septième siècle, par exemple, il y avait autant de formes différentes de chapeaux pour les hommes qu'il en existe aujourd'hui pour les femmes. Une satire imprimée en 1612 nous apprend que les chapeliers en perdaient la tête, et parmi les couvre-chefs en vogue, elle cite les « chapeaux pointus en pyramides à la façon des pains de sucre; les chapeaux plats, à la cordelière; les chapeaux retroussés à la mauvais garçon, avec un pennache tout autour; les chapeaux en façon de turban, etc., etc. [1] » Un peu plus tard, Furetière ridiculisait très agréablement, dans son *Roman*

---

[1] *La mode qui court*, p. 3.

bourgeois, ce qu'il appelle « le flux et le reflux de la mode des chapeaux. » Il proposait en même temps que l'on établit « des correcteurs de modes, qui seroient de bons prud'hommes qui mettroient des bornes à leur extravagance, et qui empêcheroient, par exemple, que les formes des chapeaux ne devinssent hautes comme des pots à beurre ou plates comme des calles [1], chose qui est fort à craindre lorsque chacun les veut hausser ou applatir à l'envy de son compagnon [2]. »

J'ai montré ailleurs [3] quelle était l'influence de ces critiques, et l'indifférence avec laquelle furent de tout temps accueillies les railleries dirigées contre les variations de la mode. Il y a six siècles qu'elles durent, et aujourd'hui encore, un homme de soixante ans a peine à se rappeler les modes diverses écloses et disparues sous ses yeux. Sébastien Mercier n'avait pas encore quarante ans quand il écrivait : « J'ai vu les chapeaux, dans ma jeunesse, qui avoient de très grands bords. Tantôt on releva, tantôt on rabaissa ces bords

---

[1] Bonnet plat à l'usage des femmes. C'était une importation italienne.

[2] Édit. elzév., p. 76.

[3] Voy. *Le vêtement.*

par le moyen de ganses. On leur a donné
depuis la forme d'un bateau. Aujourd'hui la
forme ronde paraît la dominante[1]. »

II

Le commerce des coiffures monopolisé par les chapeliers.
— Analyse de leurs statuts. — Les chapeaux de castor.
— Les demi-castors. — Les corporations interdisaient le
mélange de diverses matières, et surveillaient de très
près la fabrication. — Le roi prohibe la fabrication des
demi-castors. — Nombreux arrêts rendus à cette occasion. — La fabrication des chapeaux de castor est mono-
polisée. — La révocation de l'édit de Nantes. — Sens
du mot demi-castor au dix-huitième siècle. — Les caudebecs, les bredas, les tapabords, les chapeaux des sept
sortes, les vigognes, etc. — Le chapeau à trois gouttières,
le lampion, le chapeau à la Suisse, le jacquet, le hollandais et le quaker. — Principaux chapeliers du dix-
septième siècle. — Le chapeau de soie et le chapeau de
bras. — Nouveaux statuts des chapeliers. — Turbulence
des ouvriers. — Patron et armoiries des chapeliers.

Les divers corps de métier qui représentaient l'industrie des coiffures se fondirent peu
à peu dans la corporation des chapeliers.
Ceux-ci en vinrent donc à monopoliser le commerce des couvre-chefs, qu'ils fussent destinés aux hommes ou aux femmes. Nous avons
vu[2] que, jusqu'en 1675, les tailleurs confec-

---

[1] *Tableau de Paris*, t. IV, chap. 310, p. 62.
[2] Voy. *Le vêtement*.

tionnaient également les vêtements des deux
sexes.

Au mois de mai 1578, les chapeliers obtinrent des statuts qu'ils firent confirmer par
Henri IV en juin 1594. Renouvelés par
Louis XIII au mois de mars 1612[1], ils le
furent encore par Louis XIV en mars 1658.
Ces derniers nous révèlent donc l'organisation complète de la communauté au milieu du
dix-septième siècle.

L'apprentissage durait cinq ans et était
suivi de quatre ans de compagnonnage[2].

Le brevet d'apprentissage était passé devant notaires, en présence d'un juré au
moins[3].

Tout candidat à la maîtrise devait parfaire
le *Chef-d'œuvre*. Celui-ci consistait à établir
« un chapeau frisé d'un livre de mère-

---

[1] *Articles, statuts, ordonnances, et règlemens des Gardes-
Jurez, Bacheliers et Maistres de la Communauté des Chapeliers de la Ville, Faubourgs, Banlieue, Prévosté et Vi-
comté de Paris. Tirez des anciens statuts de ladite Communauté, accordez par le feu Roy Henri III par Lettres
patentes du mois de May* 1578, *confirmez par autres Lettres
patentes du défunt Roy Henri IV du mois de Juin* 1594, *et
des Nouveaux statuts concédez à ladite Communauté par
autres Lettres patentes du feu Roy Louis XIII du mois de
Mars* 1612. In 4°, s. d.

[2] Article 1.

[3] Article 3.

laine cardée, teint et garny de velours; et encore un autre d'aignelain françois d'une livre,
cardé et arsonné [1], teint et garny de velours;
et un autre feutre léger d'aignelain françois,
teint et couvert de velours ou taffetas, qu'il[2]
sera tenu de bastir, fouler, tondre et appareiller de tous points bien et deuëment[3]. »

Le compagnon qui épousait la fille ou la
veuve d'un maître était tenu seulement de
l'*Expérience*, c'est-à-dire de confectionner « un
des trois chapeaux qui lui sera ordonné par les
jurez[4]. »

Le petit-fils de maître, dont le père n'appartenait pas au métier, était dispensé du
compagnonnage, et devait « faire pour tout
chef-d'œuvre le chapeau frisé et le feutre d'aignelain couvert de velours ou de taffetas[5]. »

Enfin, le fils de maître était dispensé de
toute épreuve[6].

On ne pouvait être reçu maître avant d'avoir
fait « apparoir de sa fidélité, preud'hommie,
bonnes mœurs, et religion catholique parde-

[1] Voy. *La draperie.*
[2] Le candidat à la maîtrise.
[3] Article 5.
[4] Article 35.
[5] Article 37.
[6] Article 9.

vant le Procureur de Sa Majesté au Chaste-
let[1]. »

Chaque maître devait se contenter d'un seul
apprenti à la fois. Il était cependant autorisé
à en prendre un second quand le premier
commençait sa cinquième année d'apprentissage[2].

Aucun maître ne devait débaucher le compagnon d'un confrère. Un compagnon qui
voulait quitter son maître devait le prévenir
au moins un mois à l'avance[3].

« Afin que les peuples soyent fidèlement
servis dans le besoin qu'ils ont des ouvrages
dudit art, tant pour se garantir des injures du
temps que pour entretenir la santé de leurs
corps par le secours favorable d'un bon chapeau, » les maîtres ne pouvaient employer
que « des laines parfaites d'aignelins tondus
en saison. » Il leur était interdit de mettre en
œuvre « aucunes étoffes défectueuses, laines
pourries ou autres mauvaises denrées[4], » ainsi
que d'employer aucune teinture de qualité
inférieure[5].

[1] Article 1.
[2] Article 2.
[3] Article 13.
[4] Article 20.
[5] Article 21.

Le colportage dans les rues était défendu[1].

On autorisait les maîtres tombés dans la misère à faire le commerce des chapeaux restaurés. Ils devaient déclarer leur intention, renoncer à vendre des chapeaux neufs et n'avoir pas de boutique. Ils étalaient leur marchandise aux endroits spécifiés par la police. Il fallait, en outre, qu'ils justifiassent de six années de maîtrise[2], et « pour arrester le cours de tous abus, et remédier au malheur des maladies contagieuses, lesdits pauvres maistres qui auront fait l'option du vieil, après avoir achepté de vieux chapeaux, avant que de les vendre auront soin de les nettoyer, dégraisser bien et deuëment et lesiver en boüyllon de teinture, pour en corriger tout le mauvais air[3]. »

La corporation était administrée par quatre gardes ou jurés[4]. Le premier, appelé *Grand-garde*, devait être bachelier, c'est-à-dire avoir déjà été juré une fois au moins. On choisissait les trois autres, dits *jurés modernes*, parmi les maîtres comptant dix ans de maîtrise[5].

[1] Article 30.
[2] Article 14.
[3] Article 15.
[4] Article 38.
[5] Article 10.

A l'époque où ces statuts furent accordés aux chapeliers, de graves événements se préparaient, qui allaient agiter la corporation pendant plus d'un demi-siècle.

A force d'être transformé en doublure de robes et en chapeaux, le castor était devenu rare, et la race menaçait même de s'éteindre. La mode des toques n'a peut-être pas d'autre origine. Le nouveau monde révéla enfin au vieux continent des trésors jusque-là restés sans emploi, et la prise de possession du Canada par la France vint fournir aux Parisiens des légions innombrables de l'intéressant rongeur dont ils aimaient tant à se coiffer. La vogue des peaux de castor reparut, et leur importation prit bientôt un développement considérable. Ce que voyant, le gouvernement s'empressa de les frapper à l'entrée de droits énormes, sans se soucier du mécontentement et des plaintes qu'il allait provoquer.

Mais la Providence n'abandonne que les nations qui s'abandonnent elles-mêmes; chez les peuples fiers et virils, les grandes catastrophes suscitent des grands hommes capables d'en conjurer ou tout au moins d'en atténuer les conséquences. C'est ce qui arriva. Il se trouva dans la corporation des chapeliers un

personnage hardi, entreprenant, téméraire
même, de ceux-là qui commencent les révolu-
tions sans trop savoir jusqu'où les conduira
leur audace. Après de longues hésitations
pourtant, cela est établi, il osa concevoir et
réaliser une idée qui serait venue tout de
suite à un commerçant du dix-neuvième siècle;
il recouvrit de la laine commune avec une
couche de poils de castor et obtint ainsi des
chapeaux qu'il nomma *demi-castors*, et qu'il
put donner à bas prix. Du premier coup, ce
chapelier de génie avait créé l'idéal futur de
l'industrie, l'objet de qualité médiocre, ayant
toutes les apparences du bon et du beau, et
ne coûtant pas cher. C'était absolument nouveau, et c'était très grave. Que le fait se fût
déjà produit en secret malgré l'active surveil-
lance des jurés, cela n'est pas douteux [1], mais
c'était la première fois qu'il éclatait en plein
jour et osait s'affirmer comme un droit.

Depuis le treizième siècle, et dans toutes

---

[1] On lit dans un arrêt du 17 octobre 1664 (Biblioth. nationale, ms. français, n° 21,793, f° 60) « qu'il a esté découvert qu'après que les chapeaux fabriqués de simple
laine ont esté à demi foulés, les chapeliers couvrent cette
matière d'un peu de poil de castor, et font passer ces chapeaux pour purs castors, au préjudice des anciens et nouveaux statuts qui défendent ce meslange sous grosses
peines ».

les corporations, le mélange de diverses matières, même quand on ne tentait pas de le
dissimuler, était regardé comme une sorte de
falsification, ou tout au moins comme un procédé dangereux, qui pouvait faire soupçonner la pureté du produit. A tort ou à raison,
l'État semblait convaincu que le marchand
devait toujours chercher à frauder l'acheteur,
et les plus minutieuses précautions étaient
prises pour protéger celui-ci. Les statuts de
chaque communauté réglaient les procédés de
fabrication, et nul ne devait modifier en rien
les méthodes indiquées. Il y avait là une barrière presque infranchissable opposée à tout
perfectionnement, mais il y avait aussi une
sûre garantie contre toute tromperie sur la
qualité de l'objet vendu. Les jurés faisaient de
fréquentes visites chez chaque maître, examinaient les produits fabriqués et saisissaient
impitoyablement ceux qui ne remplissaient
pas les conditions exigées par les statuts.
L'existence de ce que nous appelons aujour-
d'hui la *camelote* était donc impossible, et le
règne de celle-ci n'a commencé qu'après la
suppression des corporations ouvrières, en
1791. Et ce n'est pas tout : dans une foule de
cas, le marchand n'avait pas le droit de mé-

surer lui-même les denrées qu'il vendait.
L'autorité avait institué des officiers publics,
auneurs et mesureurs jurés, qui se chargeaient
d'assurer à l'acheteur bon poids et bonne mesure [1].

Cette organisation présentait peut-être quelques avantages, mais elle avait surtout des
inconvénients. Les inventions nouvelles, les
méthodes non prévues par les statuts ne pouvaient se produire que dans l'ombre, d'où le
nom de *secrets* appliqué durant si longtemps
aux traités des arts mécaniques. Les prétentions des communautés sur ce point ont donné
naissance à des épisodes curieux; il me suf-
fira de rappeler ici l'histoire des aiguillettes
et des chaussetiers; la querelle des armuriers
et des chaudronniers au sujet d'un modèle de
morions [2]; la lutte entreprise par les passementiers pour conserver le monopole de la
fabrication des boutons [3]; la guerre faite aux
toiles peintes pendant plus de soixante ans [4];
enfin la campagne soutenue par les demi-castors, auxquels il est temps que je revienne.

[1] Voy. *La cuisine*, p. 217 et suiv.
[2] Voy. *Comment on devenait patron*, p. 110.
[3] Voy. *Les magasins de nouveautés*, t II, p. 224.
[4] Voy. ci-dessus, p. 118 et suiv.

. L'article 33 des statuts que j'ai analysés plus haut avait prévu l'innovation : « Les maîtres, dit-il, ne pourront faire aucuns chapeaux dits castors, qu'ils ne soyent de pur castor, sans y pouvoir mêler autres étoffes. » L'audacieux chapelier se vit donc aussitôt menacé, et par sa corporation et par l'État, qui se figura que la nouvelle mode réduirait de beaucoup l'importation des peaux de castor. Un arrêt du 21 juillet 1666 [1] interdit l'industrie des demi-castors, déclarant que les fabricants et les vendeurs seraient déchus de leur maîtrise, condamnés à une amende de deux mille livres et même à des punitions corporelles en cas de récidive.

Il ne fut tenu aucun compte de cet arrêt, et l'engouement pour les demi-castors fut aussi universel que rapide. Entre l'État et le public commence alors une guerre acharnée. Un arrêt du 8 novembre 1667 [2] renouvelle les prohibitions faites par l'arrêt précédent et constate « que l'on continuë en plusieurs lieux de fabriquer et débiter des demy-castors, particu-

[1] *Arrest portant deffences à tous les maistres chapeliers du royaume de fabriquer aucuns chapeaux de castor, sinon de pur castor.* Paris, 1666, in-4°.
[2] Biblioth. nationale, *manuscrits Delamarre,* Arts et métiers, t. III, p. 74.

lièrement à Roüen, Lyon, Toulouse, Bor-
deaux et Marseille ». Le 2 juin 1670, nouvel
arrêt [1] ; celui-ci nous apprend que les demi-
castors étaient appelés aussi *chapeaux dorés,* et
que les chapeliers prétendaient les composer
« d'un tiers de laine de vigogne, un tiers de
poils de lapin et plus ou moins de poils de castor, » tandis qu'en réalité ils se contentaient
« de couvrir de poils de castor le dessus seulement des chapeaux, dont le corps est d'autres
étoffes grossières. » Trois années s'écoulent,
et « la fabrique des demi-castors est en usage
plus que jamais ; » c'est ce qu'avoue l'arrêt du
15 avril 1673 [2], qui menace maîtres et ouvriers d'une amende de trois mille livres,
« applicables moitié aux hospitaux généraux
et l'autre au dénonciateur. »

Les Parisiens ont mauvaise tête, et ils ne
pouvaient manquer de le prouver dans une
question de chapeaux. Ils s'obstinèrent donc
à vouloir des demi-castors, et les chapeliers
continuèrent tout naturellement à leur en
fournir. On n'alla pas jusqu'à les saisir en

---

[1] Biblioth. nationale, *manuscrits Delamarre,* Arts et
métiers, t. III, p. 75.

[2] *Arrest portant itératives défenses de fabriquer des demi-
castors, tant à Paris, Lion, Roüen, qu'autres villes du
royaume.* Paris, 1673, in-4°.

pleine rue, comme cela se fit plus tard pour
les robes de toile peinte que les commis de
barrière arrachaient aux femmes; mais, à
bout d'arguments, on résolut d'en monopoliser l'industrie. Deux arrêts, des 20 janvier
et 8 février 1685 [1], accordèrent le privilège
exclusif de cette fabrication à dix-huit chapeliers. Le fermier du domaine d'Occident [2] ne
devait fournir de castors qu'à eux seuls, mais
chacun d'eux s'engageait à en acheter pour
trois mille livres au moins, ce qui représentait en tout à peu près quarante mille peaux.
Les autres chapeliers réclamèrent vainement. Ils parvinrent toutefois à se procurer
des castors, et firent à leurs confrères privi-
légiés une guerre d'autant plus active et d'autant plus avantageuse que le public encoura-
geait leur rébellion, et qu'ils eurent bientôt
pour complice inconscient le roi lui-même.

Il paraît, en effet, que les meilleurs ouvriers chapeliers étaient protestants [3]. La révo-

---

[1] *Manuscrits Delamarre*, Arts et métiers, t. III, p. 65.

[2] Le commerce de la Louisiane et du Canada avait été
accordé comme monopole à une compagnie, qui prit le titre
de *Compagnie d'Occident*. Le capital se montait à cent millions, divisés en actions de cinq cents livres, qui étaient
toutes libérées en décembre 1717.

[3] L'industrie des chapeaux fut pendant longtemps très
active à La Rochelle.

cation de l'édit de Nantes les força à émigrer,
et la plupart d'entre eux se réfugièrent dans
le Brandebourg, où Frédéric-Guillaume leur
fit un accueil aussi bienveillant qu'intéressé,
car il encouragea aussitôt dans ses États l'industrie des castors [1]. Il resta si peu de bons
chapeliers en France, dit M. Reyer, que le
secret de la fabrication des chapeaux fins s'y
perdit, et il fallut qu'un huguenot émigré,
nommé Mathieu, le rapportât d'Angleterre [2].
Naturellement, leur prix augmenta, de sorte
que le lieutenant de police et le fermier du
domaine d'Occident avaient beau se plaindre

[1] Ch. Weiss, *Histoire des réfugiés protestants*, t. I,
p. 157.

[2] *Histoire de la colonie française en Prusse,* trad. par
M. Ph. Corbière, p. 257. — Bien d'autres corps d'état
eurent le même sort. Les florissantes papeteries de l'Au-
vergne et de la Normandie allèrent fonder la prospérité des
papeteries anglaises. Celles de l'Angoumois, chez qui les
imprimeurs hollandais se fournissaient depuis les Elzevirs,
se transportèrent en Hollande, et leur procédé de fabrication fut perdu pour la France (Voy. *Histoire de l'académie
des sciences,* ann. 1774, p. 64.) Les horlogers émigrèrent les
uns en Angleterre, les autres en Suisse. Vingt ans après la
révocation de l'édit de Nantes, non seulement aucune contrée de l'Europe n'eût accepté de nous un tourne-broche,
mais, même pour la consommation intérieure, nous ne
pouvions établir une montre sans faire venir quelques pièces
de Londres ou de Genève (Voy. *La mesure du temps,* p. 144
et 232.)

et provoquer des saisies chez les maîtres, suspects, la vente des demi-castors ne faisait que s'accroître.

Enfin, après soixante-huit années de lutte, le gouvernement se vit obligé de céder. Un arrêt du 18 avril 1734[1] reconnaît le droit de fabriquer « les chapeaux appellez demi-castors, » puisqu'il règle les droits de sortie qui leur seront applicables.

Ceux-ci avaient, d'ailleurs, rencontré depuis plusieurs années des concurrents redoutables dans les *caudebecs*. Mais le souvenir de la persécution dont ils avaient été l'objet demeura vivace chez les Parisiens, et leur nom servit pendant longtemps à désigner toute marchandise de qualité inférieure. On en vint même à appeler *demi-castors* les femmes d'une conduite légère, celles qui composent ce que nous appelons aujourd'hui *le demi-monde*. « Dans le langage des libertins, écrit le *Dictionnaire de Trévoux*[2], demi-castor est une femme ou une fille dont la conduite est déréglée, quoiqu'elle ne se prostitue pas à tout le monde. » Prud'homme nous apprend aussi qu'en 1807, « les

---

[1] *Arrest du conseil d'Estat du Roy*, etc. Paris, 1734, in-4°.

[2] Édit. de 1771, t. II, p. 310.

nymphes du Palais-Royal *étaient* divisées en trois classes : celles qui se promènent sous les galeries de bois et dans les petites allées du jardin s'appellent les *demi-castors*, celles des galeries sont les *castors*, et celles de la terrasse du caveau les *castors fins* [1]. » L'expression survécut même à la révolution de Juillet. Dans un roman écrit en 1839 et dont les événements se passent en 1831, Paul de Kock fait encore dire à un de ses personnages : « Pardieu! une de ses maîtresses ; c'était quelque demi-castor tout au plus! Saint-Géran ne donne pas dans les grandes dames [2]. »

Les *caudebecs*, dont je viens de parler, étaient originaires de la Normandie. Caudebec d'abord, puis Rouen, Bolbec, Falaise, Dieppe en expédiaient de grandes quantités à Paris. Ces feutres étaient constitués d'un mélange de laine d'agneau, de duvet d'autruche et de poils de chèvre. Boileau les cite déjà dans sa sixième épître :

Pradon a mis au jour un livre contre vous,
Et chez le chapelier du coin de notre place
Autour d'un caudebec j'en ai lu la préface.

[1] *Miroir de Paris*, 3ᵉ édit., t. V, p. 271.
[2] *Un jeune homme charmant*, chap. VI.

Parmi les chapeaux qui ont laissé un nom dans l'histoire, on peut citer encore :

Les *bredas*, chapeaux gris très lourds et très laids, faits de pure laine de mouton.

Les *tapabords* ou *claquebords*, chapeaux mous employés surtout en voyage, et qui dataient du règne de Louis XIII.

Les *chapeaux des sept sortes*, nom trompeur, car il n'y entrait guère que du poil de lapin.

Les *vigognes, dauphins* ou *loutres*, fort en usage au dix-huitième siècle, et qui étaient composés de laine de vigogne, mêlée à du poil de lapin. La loutre n'y entrait pour rien.

Les *chapeaux à trois gouttières*, large tricorne à bords relevés, dont la belle qualité se faisait en castor. Au commencement du règne de Louis XV, ses dimensions furent très réduites, et il prit le nom de *lampion*.

Le *chapeau à la Suisse*, dit plus tard *à l'Androsmane*, composé de deux longues cornes et d'une troisième à peine sensible. C'est de là que dérive notre *chapeau à cornes* d'aujourd'hui.

Le *jacquet*, rond et très petit.

Le *hollandais* et le *quaker*, ronds et à larges bords.

La plupart des chapeaux furent gris jusque

vers l'année 1670, où Louis XIV commença à les porter noirs, couleur qui dès lors prévalut.

En 1692, le chapelier du roi se nommait Lepage, et demeurait rue Saint-Honoré, près de l'Oratoire.

On citait aussi, parmi les maisons les plus estimées :

HÉRARD, rue Saint-Honoré. *Au grand mousquetaire.*

VERNAULT, rue de l'Arbre-Sec.

GASTELIER frères, sur le Pont-au-Change.

APRIN, sur le pont Saint-Michel. *Au louis d'argent* [1].

Le chapeau de soie date de la fin du dix-huitième siècle. En 1761, un sieur Prevot, chapelier rue Guénégaud, fabriquait « des chapeaux de soie et mi-soie de toutes façons, pour mettre sous le bras et sur la tête [2]. »

Tant que dura la mode des perruques, elles suffisaient amplement comme coiffure, et le chapeau était presque toujours porté sous le bras. C'est même de là qu'est venue la coutume de rester tête nue dans la société. Jusque là, on ne se découvrait ni à table, ni en visite,

---

[1] *Le livre commode pour* 1692, t. II, p. 64.
[2] *L'avant-coureur*, n° du 2 novembre 1761, p. 696.

ni au bal, ni au conseil du roi[1]. On lit dans le *Mercure de France* de l'année 1726 : « Les chapeaux sont d'une grandeur raisonnable, on les porte sur le bras et presque jamais sur la tête[2]. » Aussi, le tricorne est-il souvent désigné sous le nom de *chapeau de bras*, et J.-F. Sobry écrivait encore en 1786 : « Le chapeau est une coiffure infiniment commode, mais de peu d'agrément. On le porte, d'ailleurs, fort souvent à la main[3]. »

Les chapeliers firent reviser leurs statuts en novembre 1704, en juillet 1748 et en février 1749[4]. La première rédaction a pour objet de mettre la communauté en état de racheter des offices créés par le roi[5]. La seconde est dirigée contre les ouvriers chapeliers qui paraissent avoir été toujours fort insoumis[6]. Ils ne voulaient plus souffrir qu'un maître choisit lui-même ses ouvriers. Ils se plaçaient les uns les autres, et l'admission de

---

[1] Voy. *Les soins de toilette*, p. 73 et suiv.

[2] N° de février, p. 404.

[3] *Le mode françois*, p. 418.

[4] *Recueil des statuts, ordonnances et réglemens de la communauté des maîtres et marchands chapeliers de la ville de Paris*. 1775, in-12, p. 43, 150 et 164.

[5] Sur ces créations d'offices, voy. *Comment on devenait patron*, p. 222 et suiv.

[6] Voy. *Recueil des statuts*, etc., p. 209, 219, 225 et 250.

chaque ouvrier dans un atelier était l'occasion de désordres qui se prolongeaient souvent durant plusieurs jours. Au rapport des jurés, ils « s'ingéroient de se placer à leur volonté, et de ne pas souffrir qu'un ouvrier travaille chez un maître où ils ne l'ont pas placé eux-mêmes. Lorsqu'un maître, ajoutent-ils, blesse quelques-uns de leurs prétendus privilèges ou refuse de leur avancer autant d'argent qu'ils en demandent, ils obligent leurs camarades de sortir de chez ledit maître. Le privilège qu'ils veulent s'attribuer de se placer les uns les autres occasionne un dérangement considérable appelé *Devoir*, qui consiste à boire autant de pintes de vin qu'il y a d'ouvriers dans chaque boutique, pour l'entrée et la sortie de chaque ouvrier ; ce qui les empêche de travailler plusieurs jours, et ce qui arrive fort souvent. » L'arrêt rendu à cette occasion nous apprend que les compagnons occupés par le sieur Laubry, établi place Maubert, s'étaient tous entendus pour abandonner l'atelier ; qu'au mois de juillet 1748, le sieur Châtelain, ayant refusé d'avancer cent livres à quatre de ses ouvriers, tous les autres l'avaient quitté, etc. Il est juste de dire qu'à ce moment, les ouvriers chapeliers étaient astreints au travail de cinq heures du matin à neuf heures du soir, « sans aucune discontinuation que de deux heures par jour, dont une demi-heure pour déjeuner, une heure pour dîner et une demi-heure pour le goûter [1]. »

En janvier 1765, le Parlement dut encore sévir contre les ouvriers chapeliers, et le texte de l'arrêt rendu en cette circonstance nous montre quels désordres avaient fini par s'introduire dans la corporation.

Il fut interdit aux compagnons et garçons de porter des épées ou des couteaux de chasse.

Sous peine d'amende et de prison, ils durent cesser de « médire, méfaire ou insulter leurs maîtres. »

On défendit au compagnon admis à la maîtrise de s'établir auprès du maître qu'il venait de quitter.

Les garçons de boutique ne purent être placés chez un maître que par l'intermédiaire du clerc de la communauté [2].

Les chapeliers le plus en renom à la fin du dix-huitième siècle, étaient :

PIVERT, *rue Jacob, au coin de la rue des Saints-*

---

[1] Arrêt du 13 juillet 1748.

[2] Sur ce point, voy. *Comment on devenait patron*, p. 60.

Pères, chapelier ordinaire du roi et de la Cour.

DESPERELLE, *rue du Four Saint-Germain*, se disait aussi chapelier du roi.

BERTEAUD, *rue de Grenelle Saint-Honoré*, chapelier extraordinaire du roi.

CAFFIN, *rue Saint-Jacques*, « fournit monseigneur le prince de Condé, M. le duc de Bourbon et les gardes d'Artois. »

LAIGUILLON, *rue Comtesse-d'Artois*, « fournit les gardes du corps. »

BERGER, *rue Tiquetonne*, « fournit l'école royale militaire. »

LEDOUX, *rue Comtesse-d'Artois. Au grand vainqueur*, « fabrique et magasin considérable de chapeaux de castors noirs et blancs, fournit les Prémontrés, les Pères de la Trappe, etc. »

VEUVE CAUDRON, *rue Croix des Petits-Champs*, « fournit les troupes du roi. »

CHARDON, *rue de Grenelle Saint-Honoré*, « tient magasin de chapeaux d'hazard, unis et bordés. »

COTELLE, *rue Saint-Denis. A la clef d'or.*

VEUVE PETITJEAN, *place du Pont Saint-Michel*, « annonce de nouveaux bonnets de chasse et de voyage, qui peuvent se mettre facilement dans la poche, et ne tiennent pas plus de place qu'un portefeuille. »

PIGUENARD, *faubourg Saint-Denis. Au chapeau rouge* [1].

La corporation était divisée en quatre

---

[1] *Almanach Dauphin* pour l'année 1777.

classes : les fabricants, les teinturiers, les marchands de neuf et les marchands de vieux.

Ces derniers, qui faisaient un commerce considérable de chapeaux retapés, avaient presque tous leur étalage sous le Petit-Châtelet.

Il existait encore une cinquième classe de chapeliers, celle des *Crieuses de vieux chapeaux*. Bien qu'elle ne se rattachât par aucun lien à la corporation et ne fût point constituée en communauté, elle avait une organisation régulière et reconnue par le lieutenant général de police.

Ces crieuses se partageaient en trois catégories :

1° Les *Crieuses en gros*, possédant une petite boutique et achetant chaque soir la récolte faite par les crieuses ordinaires.

2° Les *Crieuses ordinaires*, qui parcouraient les rues en criant *chapeaux ! chapeaux !* Elles revendaient leur butin de la journée, soit aux crieuses en gros, soit aux fripiers.

3° Les *Novices*. C'étaient en réalité des apprenties. Moyennant douze ou quinze écus une fois payés, la novice accompagnait une crieuse ; celle-ci lui apprenait les secrets du métier, et toute crieuse ainsi suivie d'une

novice prenait le titre de *Meneuse*. Cet apprentissage n'avait d'ailleurs rien d'obligatoire.

Au commencement du dix-huitième siècle,
les crieuses de chapeaux étaient au nombre
de 1,000 à 1,200.

A la même époque, la corporation des chapeliers avait son bureau dans la rue de la
Pelleterie. Le brevet d'apprentissage coûtait
60 livres et la maîtrise 1,100 livres, somme
que l'édit de 1776 réduisit à 600 livres. Il
réunit en même temps en une seule communauté les bonnetiers, les pelletiers et les chapeliers, qui formèrent dès lors le troisième
des nouveaux *Six-Corps*. On ne comptait plus
alors qu'environ 320 maîtres.

La corporation avait pour patron saint
Michel, dont la confrérie se rassembla suc-
cessivement à Sainte-Opportune et à Saint-
Jacques la Boucherie [1].

L'*Armorial général*[2] blasonne ainsi les armoiries des chapeliers : *D'or, à un chevron
d'azur, accompagné de trois chapeaux de cardinal de gueules, deux en chef et un en pointe,
les cordons de chacun houppés de trois pièces.*

---

[1] Le Masson, *Calendrier des confréries*, p. 98. — Vil-
lain, *Histoire de Saint-Jacques la Boucherie*, p. 115.
[2] Biblioth. nationale, *manuscrits*, t. I, p. 589.

On nomme *houppe* la touffe de soie placée à
l'extrémité des cordons entrelacés qui pen-
dent de chaque côté du chapeau des dignitaires de l'Église ; les cardinaux portent
quinze houppes placées sur cinq rangs, les
archevêques dix houppes placées sur quatre
rangs, les évêques six houppes placées sur
trois rangs, etc. Mais, en général, le blason
ne tient guère compte de ces règles, nées après
lui ; il importe donc en blasonnant de mentionner toujours, comme on l'a fait ici, le
nombre de houppes jointes au chapeau [1].

M. Forgeais a reproduit [2] neuf méreaux
provenant de la corporation des chapeliers.
Huit d'entre eux remontent au quinzième
siècle et représentent d'un côté saint Michel
terrassant le démon, et de l'autre tantôt un
chaperon, tantôt un chapeau à bords relevés,
semblable à celui qu'avait adopté Louis XI.
Un seul méreau date du seizième siècle, et je
doute qu'il ait servi aux chapeliers ; le chapeau y est remplacé par saint Germain revêtu
de ses ornements sacerdotaux. C'est, dit
M. Forgeais, un souvenir de la confrérie

---

[1] Voy. Palliot, *La vraye et parfaite science des armoiries*,
p. 135.

[2] *Numismatique des corporations parisiennes*, p. 63.

établie par la corporation à l'église Saint-Germain-l'Auxerrois. Mais je ne trouve celle-ci mentionnée nulle part. Les chapeliers des faubourgs avaient pour patrons saint Jacques et saint Philippe ; ceux de Saint-Germain des Prés se réunissaient à l'église Saint-Sulpice, ceux de Saint-Marceau à la petite église Saint-Martin.

III

Origine des fontanges. — Elles sont transformées. — Les *tignons*, les *cruches*, les *favorites*, les *passagères*, les *confidentes*, les *crève-cœur* et les *bergers*. — Les *meurtriers*, les *souris*, les *duchesses*. — La *commode*, la *palissade* et le *monte-là-haut*. — La *culbute*, la *bourgogne*, le *mousquetaire*, la *jardinière*, etc. — Les *firmaments*, les *guêpes*, les *papillons*. — Coquetterie des femmes au commencement du dix-septième siècle. — Les fontanges disparaissent en 1691. — Elles reparaissent, malgré la volonté du roi. — Par qui elles sont vaincues. — Les coiffures basses. — La bagnolette.

Sens du mot *toilette* au dix-huitième siècle. — Origine des marchandes de modes. — Leurs premiers statuts. — Les modes françaises acceptées par toute l'Europe. — La pandore. — La poupée de la rue Saint-Honoré. — L'édit d'août 1776.

Les chapeaux et les bonnets à la fin du dix-huitième siècle. — Hauteur extravagante des coiffures. — Marie-Antoinette est possédée de la folie de la parure. — Mlle Bertin, faiseuse de modes de la reine. — Imprudences de la reine. — Orgueil de Mlle Bertin. — Sa faillite. — Principales marchandes de modes à la fin du dix-huitième siècle. — Les ouvrières modistes, leur inconduite. — Mme du Barry.

En 1680, Louis XIV passa quelques semaines de l'été à Fontainebleau. L'on y orga-
nisait presque chaque jour des chasses, que
suivaient les plus nobles et les plus jolies
dames de la Cour. Parmi ces dernières figurait
Marie-Angélique Scoraille de Roussille, alors
la préférée du souverain. Merveilleusement
belle, avec beaucoup d'ambition, très peu
d'esprit et pas du tout de scrupules, elle avait
dix-sept ans à peine quand le roi la fit duchesse de Fontanges et lui attribua une pen-
sion de cent mille livres. Elle avait accepté
tout cela sans honte comme sans surprise,
estimant peut-être ses charmes à plus haut
prix encore. Pendant les trois années que
dura sa faveur, elle coûta, dit-on, à la France
près de onze millions, valeur du temps.

« Un soir, l'on se retiroit, la chasse terminée, quand il se leva un petit vent qui obli-
gea Mlle de Fontanges de quitter sa capeline ;
elle fit attacher sa coiffure avec un ruban dont
les nœuds tomboient sur le front, et cet ajustement de tête plut si fort au Roi qu'il la pria
de ne se coiffer point autrement de tout le
soir. Le lendemain, toutes les dames de la
Cour parurent coiffées de la même manière.
Voilà l'origine de ces grandes coiffures qu'on

porte encore, écrivait Bussy-Rabutin, et qui de la Cour de France ont passé dans presque toutes les Cours de l'Europe [1]. »

La sotte et vaniteuse duchesse n'eut pas la joie de contempler ce triomphe, car elle mourut en couches moins d'une année après avoir doté sa patrie d'une coiffure qui lui fit tant d'honneur à l'étranger. Le primitif nœud de ruban s'était, d'ailleurs, singulièrement perfectionné sous l'inspiration des élégantes de la Cour. Elles l'avaient surtout compliqué. C'était alors, dit Saint-Simon, « un bâtiment de fil d'archal, de rubans, de cheveux et de toutes sortes d'affiquets, de plus de deux pieds de haut, qui mettoit le visage des femmes au milieu de leur corps. Pour peu qu'elles remuassent, le bâtiment remuoit et l'incommodité étoit extrême [2]. » Étudions en détail le monument que Saint-Simon nous peint ici d'après nature.

Il y eut jusqu'à vingt manières d'accommoder la chevelure, et chacune disposait d'un nom particulier. Les cheveux noués en paquets formaient des *choux*. Contournés en

---

[1] *Histoire amoureuse des Gaules*, édit. elzév., t. III, p. 42.
[2] Tome IX, p. 428.

replis variés, ils devenaient des *tignons*. De
petites touffes avançant sur le front étaient
des *cruches*. Elles se changeaient en *favorites*
si elles descendaient sur la joue, en *passagères*
si elles approchaient des tempes, en *confidentes*
si elles bouclaient près de l'oreille. Plaquées
sur la nuque, c'étaient des *crève-cœurs ;* rele-
vées en houppes, des *bergers*. Les menus
nœuds de ruban destinés à relier ces boucles
entre elles se nommaient galamment des
meurtriers, des *souris*, des *duchesses*, etc.

Au milieu de tout cela se dressait la *commode*, bonnet haut parfois de deux pieds et que
l'on retrouve dans presque tous les portraits de
Mme de Maintenon. La *commode* était formée
de bandes de toile, roulées en tuyaux d'orgue
ou façonnées en rayons qui s'étageaient sur les
cheveux [1]. Une carcasse de fil d'archal, dis-
simulée par derrière dans un flot de gaze, sou-
tenait cet imposant édifice, maintenu à droite
et à gauche par deux étais de métal, la *palissade* et le *monte-là-haut*. Une foule d'autres
ornements, fleurs, aigrettes, perles, rubans,
chenilles agrémentaient la commode et
avaient aussi reçu des noms spéciaux : la *cul-*

---

[1] Voy. *Le vêtement*, p. 245.

bute, la *bourgogne*, le *mousquetaire*, la *jar-dinière*, les *cornettes*, les *chicorées*, le *dixième ciel*, le *solitaire*, le *tête-à-tête*, et bien d'autres encore, car ces noms se modifiaient presque chaque année. Des épingles à tête de diamant reliaient entre elles les différentes pièces de cette coiffure compliquée et assuraient la solidité du monument; on les appelait *firmaments*, *guêpes*, *papillons*, etc. Dans la comédie des *mots à la mode* de Boursault, Babet dit à Nannette :

Ce qu'on nomme aujourd'hui guêpes et papillons
Ce sont les diamans du bout de nos poinçons,
Qui, remuant toujours et jetant mille flammes,
Paroissent voltiger dans les cheveux des dames [1].

« La fontange, dit l'abbé de Vertot, estoit une espèce d'édifice à plusieurs étages, fait de fil de fer, sur le quel on plaçoit différens morceaux de toile, séparez par des rubans ornez de boucles de cheveux. Et tout cela distingué par des noms si bizarres et si ridicules que nos neveux et la postérité auront besoin d'un glossaire pour expliquer les usages de ces différentes pièces et l'endroit où on les

---

[1] *Théâtre*, t. III, p. 132, scène 15. — Sur les noms de ce genre donnés à diverses pièces du costume, voy. *Le vêtement*, p. 238 et suiv.

plaçoit... Pourra-t-on croire qu'il falloit pour ainsi dire un serrurier pour coëffer les dames du dix-septième siècle et pour dresser la base de ce ridicule édifice et cette palissade de fer sur laquelle s'attachoient tant de pièces différentes [1]. »

Une mode si étrange était bien faite pour exciter la verve des poètes dramatiques. Mais elle résista à leurs sarcasmes, tout comme au mécontentement du roi, et durant trente-quatre ans, on vit les femmes

Sous leur fontange altière asservir leurs maris [2].

Dans *Les fonds perdus*, de Dancourt [3], pièce jouée en 1680, Lisette dit à Mme Gérante : « Angélique n'est pas encore coëffée. Ne faut-il pas qu'elle soit toujours trois heures devant un miroir, et qu'elle passe toute la matinée à ajuster des choux, des souris, des palissades, des nompareilles ? »

L'abbé de Vertot n'a pas eu la première idée du serrurier pour dames. La gloire en revient au Mezzetin du théâtre italien :

MEZZETIN

Comment nommez-vous ces obélisques que les femmes d'ici ont sur leurs têtes?

---

[1] *Mémoires de l'Académie des inscriptions*, t. VI, p. 736.
[2] Boileau, *satire X*, vers 372.
[3] Acte I, scène v.

M. GROGNARD

Elles appellent cela des palissades.

MEZZETIN à ISABELLE

Quel est le serrurier qui vous coiffe, mademoiselle[1]?

Dix ans plus tard, Isabelle osait protester contre l'abus des rayons, et disait à son père :

O ça, de bonne foi, mon père, ne conviendrez-vous pas qu'un chapeau retroussé me coëffe infiniment mieux qu'un attirail impertinent de rubans et de cornettes? Qu'une plume a tout une autre grâce que les montagnes de rayons qui allongent la taille des femmes [2]?

Moins sage qu'Isabelle, Mme de Maintenon blâmait surtout l'or et les pierreries dont on chargeait alors les coiffures. Le 25 mars 1692, elle écrivait à Mme de Brinon, première supérieure de Saint-Cyr : «La duchesse du Maine succombe sous l'or et les pierreries, et sa coiffure pèse plus que toute sa personne [3]. »

Enfin, en 1694, Regnard donnait au théâtre une comédie, intitulée : *Attendez-moi sous l'orme*, dans laquelle je découpe ce fragment de dialogue :

---

[1] D. de Monchenai, *Le grand Sophy*, pièce jouée en 1689, scène du grand Sophy. Dans Gherardi, *Théâtre italien*, t. II, p. 417.

[2] Nolant de Fatouville, *La fille savante*, jouée en 1690, scène de l'enrôlement. Dans Gherardi, t. III, p. 83.

[3] *Lettres*, édit. Geffroy, t. I, p. 220.

AGATHE

Ce qui m'embarrasse le plus, c'est la coëffure. Je ne pourrai jamais venir à bout d'arranger tant de machines sur ma téte; il n'y a pas de place pour en mettre seulement la moitié.

PASQUIN

Oh, quand il s'agit de placer des fadaises, la tête d'une femme a plus d'étendue qu'on ne pense. Mais vous me faites souvenir que j'ai ici le livre instructif que la coëffeuse a envoyé de Paris. Il s'intitule : *Les élémens de la toilette ou le sistème harmonique de la coëffure d'une femme.*

AGATHE

Ah, que ce livre doit être joli !

LISETTE

Et sçavant !

PASQUIN *tirant un livre de sa poche*

Voici le second tome. Pour le premier, il ne contient qu'une table alphabétique des principales pièces qui entrent dans la composition d'une commode, comme :

La duchessse.	Le solitaire.
La fontange.	Le chou.
Le tête à tête.	La culbute.
Le mousquetaire.	Le croissant.
Le firmament.	Le dixième ciel.
La palissade.	La souris.

AGATHE

Ah ! Frontin, cherchez-moy l'endroit où le livre

dit que se met la souris. J'ay un nœud de ruban qui s'appelle comme cela [1].

On pouvait pardonner tant d'ignorance à une soubrette comme Agathe, mais une grande dame en eût rougi ; et se tenir au courant des variations de la mode était le souci des plus nobles cervelles. « N... est riche, écrivait Labruyère, elle mange bien, elle dort bien ; mais les coiffures changent, et lorsqu'elle y pense le moins et qu'elle se croit heureuse, la sienne est hors de mode [2]. » En effet, toutes les femmes se torturaient l'esprit pour modifier, sans le détruire, l'extravagant édifice de leur coiffure. Dancourt chercha à ridiculiser ce travers dans ses *Bourgeoises à la mode*. Dès le premier acte, une dame Amelin, marchande de modes, réclame à Angélique « trois paires de hanches ; » elle lui présente en outre un mémoire qui commence ainsi : « Premièrement, pour avoir garni l'épaule de madame... » Angélique proteste, car ce mémoire ne lui est pas destiné. On retrouve enfin le sien, où figure cet article : « Pour l'idée d'une coeffure extraordinaire. » Angélique reconnaît qu'on lui a bien fourni cette idée, et

---

[1] Scène VI.
[2] *Caractères*. De la mode. Édit. Servois, t. II, p. 148.

paye sans se faire prier les 310 livres qui lui sont réclamées [1].

Louis XIV, qui ne pensait plus guère à la marquise de Fontanges et qui n'aimait pas les hautes coiffures, avait beau s'en moquer, les blâmer même, on n'en tenait aucun compte. Il finit par se fâcher, et au mois de mai 1691, il invita les princesses à y renoncer [2]. Ce fut l'événement le plus considérable de l'année, et Mme de Sévigné, encore sous le coup de l'émotion qu'il avait causé, transmettait en ces termes la nouvelle au duc de Chaulnes : « Parlons maintenant de la plus grande affaire qui soit à la Cour. Vous croyez, n'est-ce pas, que le Roi, non content d'avoir pris Mons et Nice, va entreprendre le siège de Namur? Vous n'y êtes point du tout. C'est une chose qui a donné plus de peine à Sa Majesté et qui lui a coûté plus de temps que ses dernières conquêtes; c'est la défaite des fontanges à plate couture. Plus de coiffures élevées jusques aux nues, plus de casques, plus de rayons, plus de bourgognes, plus de jardi-

---

[1] *Les bourgeoises à la mode*, pièce jouée en 1692, acte I, sc. VII.

[2] Bussy-Rabutin, *Correspondance*, édit. Lalanne, t. VI, p. 485 et 486.

nières; les princesses ont paru de trois quartiers [1] moins hautes qu'à l'ordinaire. On fait
usage de ses cheveux, comme on faisoit il y a
dix ans. Ce changement a fait un bruit et un
désordre à Versailles qu'on ne sauroit vous
représenter [2]. »

C'est ce qui put s'appeler beaucoup de
bruit pour rien. Le tout-puissant monarque
fut obéi, cela est vrai, et pendant quelques
années les hauts talons remplacèrent les hautes
coiffures [3], qui s'humilièrent devant la volonté

---

[1] De trois quarts d'aune.

[2] *Lettre* du 15 mai 1691, t. X, p. 24.

[3] On dit que le bon sens ici va revenir;
Paris cède à la mode et change ses parures.
Ce peuple imitateur, ce singe de la Cour
      A commencé depuis un jour
D'humilier enfin l'orgueil de ses coeffures.
Mainte courte beauté s'en plaint, gronde, tempête,
Et pour se ralonger, consultant les destins,
Apprend d'eux que l'on trouve, en haussant ses patins,
La taille que l'on perd en abaissant la tête.
      Voilà le changement extrême
Qui met en mouvement nos femmes de Paris.
      Pour la coeffure des maris,
      Elle est toujours ici la même.

*A madame la duchesse du Maine, au nom de Mme de
Lassai, qu'elle appelloit Ruson, et qu'elle avoit laissée à
Paris, pour lui mander des nouvelles, pendant l'hiver de
1702, lorsque les femmes de la Cour et de Paris rabais-
sèrent la hauteur énorme de leurs coeffures.* Dans Chaulieu,
OEuvres, édit. de 1750, t. II, p. 182.

13.

du maître. Mais le maître dut bientôt s'humilier à son tour devant la coquetterie féminine ; les fontanges reparurent [1], plus auda-
cieuses et plus incommodes que jamais. Il en
supporta encore la vue jusqu'en 1714, et ce
n'est même pas lui qui eut la gloire de renver-
ser ces orgueilleux édifices. « Le roi, dit Saint-
Simon, si maître jusque des plus petites choses,
ne pouvoit souffrir les ridicules coiffures des
femmes. Elles duroient depuis plus de dix
ans sans qu'il eût pu les changer, quoi qu'il
eut dit et fait, sans en venir à bout. Ce que ce
monarque n'avoit pu, le goût et l'exemple
d'une vieille folle étrangère l'exécuta avec la
rapidité la plus surprenante [2]. » La vieille
folle en question était la duchesse de Shrews-
bury, femme de l'ambassadeur d'Angleterre.
Elle se présenta à la Cour avec une coiffure
très basse, que tout le monde trouva charmante ; et le lendemain, les fontanges avaient
vécu.

En présence de ce subit revirement,

---

[1] « On ne parle ici que de notre union avec l'Espagne,
et les dames, en mettant leur rayon, agitent s'il faut
faire un traité ou non. » Mme de Maintenon, *Lettre* du
17 août 1710, au duc de Noailles, édit. de 1756, t. IV,
p. 160.

[2] *Mémoires*, t. IX, p. 428.

Louis XIV ne put s'empêcher de dire : « J'a-
voue que je suis piqué quand je vois, qu'avec
toute mon autorité de roi, j'ai eu beau crier
contre les coiffures trop hautes, pas une personne n'a eu la moindre envie d'avoir la complaisance, pour moi, de les baisser. On voit
arriver une inconnue, une guenille d'Angleterre, avec une petite coiffure basse : tout
d'un coup toutes les princesses vont d'une
extrémité à l'autre[1]. » Montesquieu écrivait
de son côté : « Quelquefois les coiffures mon-
tent insensiblement, et une révolution les fait
descendre tout à coup. Il a été un temps que
leur hauteur immense mettoit le visage d'une
femme au milieu d'elle-même ; dans un autre,
c'étoient les pieds qui occupoient cette place ;
les talons faisoient un piédestal qui les tenoit
en l'air. Qui pourroit le croire ? Les architectes
ont été souvent obligés de hausser, de baisser
et d'élargir leurs portes, selon que les parures
des femmes exigeoient d'eux ce changement ;
et les règles de leur art ont été asservies à ces
fantaisies[2]. »

« De l'extrémité du haut, les dames se

[1] *Correspondance de la princesse Palatine,* édit. Brunet,
t. I, p. 242.
[2] *Lettres persanes,* lettre 100, t. II, p. 241.

jetèrent dans l'extrémité du plat, » écrit encore
Saint-Simon [1]. Les coiffures basses restèrent à
la mode pendant plus de quinze ans. Croyez
qu'elles n'en varièrent pas moins pour cela,
et que bien des expressions nouvelles vinrent
encore enrichir le dictionnaire des ajustements
féminins. Dans *La tête noire*, farce de Lesage,
représentée à la foire Saint-Laurent le 31 juillet 1721, Arlequin voulant écarter les préten-
dants qui rôdent autour de la nièce de son
maître, a l'idée de se faire passer pour elle. Il
se déguise donc en femme : .

ARLEQUIN SEUL

Ça, changeons de décoration. Voilà peut-être la
première fois qu'on s'est mis à une toilette pour
s'étudier à déplaire aux hommes.

(Il arrange sa toilette, crache dessus le miroir ;
l'essuie, etc. Il se met sur un placet, prend un peigne, et dit) :

— Commençons par nous faire un *tignon en cul
de barbet*.

(Il fait comme s'il se peignait le derrière de la
tête ; et s'arrêtant tout à coup) :

— Mais non. Je n'y pense pas. Je suivrois la
mode. Ce n'est pas le moyen de déplaire à des yeux
françois. Enluminons nos joues.

---

[1] *Mémoires*, t. IX, p. 428.

(Il se met du rouge sur une joue et du blanc sur l'autre. Il regarde et dit) :

— Il me semble que cela n'est pas mal. Mettons à présent notre coëffure.

(Il prend une petite coëffure à la mode. Il l'examine, et la retourne de tous côtés, en disant) :

— Quel diable d'escofion! Quel colifichet!

(Il la met sur sa tête, et après s'être regardé dans le miroir) :

— Morbleu! Que fais-je? Je me coëffe *en oreilles de chien!* S'agit-il donc ici de faire des conquêtes? Voyons s'il n'y a pas là d'autre coëffure.

(Il en trouve une autre qui est à l'ancienne mode fort élevée.)

— Bon. Voici des *tuyaux d'orgue.*

(Il se la met sur la tête, se lève et vient sur le devant du théâtre se faire voir.)

— Quel drôle d'air cela me donne! Je ressemble à une coquesigrue. Ma foi, le tout bien considéré, j'en reviendrai à la première.

(Il retourne à sa toilette, et examine tout ce qu'il y a dessus.)

— Qu'est-ce que c'est que tout ceci? Une *crevée,* un *solitaire,* une *folette,* des *maris,* une *bagnolette.* Si j'étois sûr qu'il ne vînt point de petits maîtres me voir, je pourrois me servir de tout cela ; mais... Parbleu, tout coup vaille, mettons-nous à la mode.

(Il se met tous ces ajustemens.)

— Allons, ma juppe à présent. La voici. Diable! C'est une *criarde!* Mais n'est-ce point plutôt un *gaillard?* Non, ma foi, c'est un vrai *panier.*

(Il met ce panier qui est d'une largeur outrée.)

— Malepeste ! Quel contour !

(Et en mettant sa juppe.)

— Je suis aussi large par le bas que George d'Amboise [1].

Je ne chercherai pas à expliquer tous les mots techniques qui figurent dans cette citation. Je rappelle seulement que le *placet* était un large tabouret [2]. Les divers noms du *panier* ont été énumérés ailleurs [3]. Les *tuyaux d'orgue* désignent les anciennes fontanges. Le *bagnolet* ou la *bagnolette* consistaient en une capeline sans bavolet ; le bagnolet a sa place dans un « vaudeville en sept couplets » qui termine *Les paniers,* comédie de Legrand, jouée devant le roi à Chantilly, le 5 novembre 1722 :

Iris coëffée en chien barbet
Cessera bientôt de me plaire,
Quand elle met son bagnolet
Elle ressemble à sa grand'mère.
Lorsqu'en amant sensé, je veux
Blâmer cette étrange méthode,
Elle répond, faisant des nœuds :
Il faut suivre la mode.

On a vu qu'au début de la scène, Arlequin

---

[1] Lesage, *OEuvres choisies,* édit de 1783, t. II, p. 534. *La tête noire,* scène VI.
[2] Voy. *Les soins de toilette,* p. 86.
[3] Voy. *Le vêtement,* p. 267 et suiv.

se met à sa toilette et arrange sa toilette. Je rappelle donc que le mot *toilette* avait déjà une foule de sens, dont quelques-uns ont beaucoup vieilli. On nommait *toilette* le morceau d'étoffe dans lequel on enveloppait tous les menus objets nécessaires à la toilette. Cette étoffe fut plus tard remplacée par un coffre souvent très riche. Le contenu ne tarda pas à prendre le même nom que le contenant. Puis, comme, le moment venu, on étalait la toilette dépliée sur une table, celle-ci, qui jouait à son tour le rôle de toilette, fut désignée de la même manière. Enfin, le fait de s'habiller étant toujours consécutif à l'étalage de la toilette, finit par prendre le même nom. D'où il résulte qu'en donnant toujours au mot toilette sa signification précise, on pouvait dire qu'une femme, déployant une *toilette*, y a trouvé une belle *toilette*, et qu'elle a fait sa *toilette* devant sa *toilette*.

Sous Louis XIII et sous Louis XIV, le mot *toilette* était presque exclusivement pris dans la première de ces acceptions, et toute personne un peu élégante possédait deux toilettes. Celle du matin contenait le miroir, la pelote, la boîte à poudre et la boîte à mouches, les pots de pommade, les brosses, les peignes, des

coupes, des chandeliers, etc. ; la toilette du
soir renfermait surtout le linge de nuit. Tallemant des Réaux raconte que M. de Brancas
« se mist au lict un jour à quatre heures,
parce qu'il trouva sa toilette mise [1]. » On
répugnait à se servir de la toilette d'autrui,
et quand on devait coucher hors de chez soi,
on se faisait suivre de sa toilette.

Souvent choisies comme cadeau, les toilettes
étaient parfois d'une extrême richesse. Voici
la description de deux toilettes qui existaient,
en 1673, au garde-meuble de la couronne :

Une toillette d'argent vermeil doré d'Allemagne,
consistant en dix-neuf piéces. Sçavoir : un miroir,
un carré couvert [2], un autre carré découvert, une
gantière [3], une couppe, une souscoupe, deux ferrières [4], deux pots à pastes et pommades, deux chandeliers, une boeste à poudre, une boeste à mouches,
une petite escuele couverte, une forme de salière
pour mettre l'eau de gomme [5], une pelote, une ver-
gette et une brosse à peigne, le tout pesant
ensemble . . . . 39m 4o 4ᵍ . [6].
Ladite toillette dans une cassette faite exprès qui

---

[1] *Historiettes,* t. II, p. 368.
[2] Un coffret carré et couvert.
[3] Une boite à gants.
[4] Peut-être les coffrets contenant les fers à friser.
[5] Servant à fixer les mouches.
[6] Marcs, onces, gros.

sert d'estuy à touttes les pièces ; dont les portes sont
garnies d'une fueüille d'argent avec des ornemens
et moulures de cuivre doré. Le surplus doublé de
satin bleu garny d'une petitte dentelle d'or.

Une autre toillette d'argent d'Allemagne vermeil
doré, consistant en cinquante pièces. Sçavoir : un
bassin, une esguière, quatre petits plats, quatre
assietes, une escuele couverte, deux cuilliers, deux
fourchettes, deux cousteaux, deux petittes tasses à
une oreille, deux ferrières avec leurs couvercles,
deux petittes tasses à deux oreilles, une tasse en
ovalle avec une oreille, deux chandeliers, deux
goblets couverts, un sucrier, une cassolette, une
petitte tasse couverte, deux petittes bouteilles de
verre avec leurs bouchons d'argent, une petitte
salière platte, une petitte cuillier, un miroir, une
paire de cizeaux, des mouchettes, une brosse, un
peigne, un ancrier, un poudrier, deux boestes à
mouches, un agenda, un canif, un percelette [1], un
cousteau pour couper du papier, une règle et un
plissoir, pesant le tout.............. 26ᵐ 6° 4ᵈ.

Ladite toillette dans une cassette faite exprès qui
sert d'estuy à touttes les pièces ; dont les portes
sont garnies d'une fueüille d'argent avec des ornemens et moulures de cuivre doré. Le surplus dou-

---

[1] Un perce-lettres d'après le *Dictionaire de Trévoux*,
était un petit fer pointu, faisant partie de la garniture d'un
étui et d'une écritoire, et qui servait à percer les lettres
pour les cacheter. Le même ouvrage ajoute : « On perçoit
les lettres pour y passer un petit cordon de soie sur les
extrémités duquel on mettoit la cire et le cachet. On se sert
peu aujourd'hui du perce-lettres. »

blé de satin bleu garny d'une petitte dentelle d'or[1].

On a vu plus haut que Dancourt introduit, dès 1692, dans une de ses pièces une *marchande de modes*. Je n'ai rencontré aucune mention antérieure de ce corps d'état, qui ne prit d'extension qu'à dater du dix-huitième siècle. En 1777, l'*Almanach Dauphin* fournit, à l'article MERCIERS, la liste des principales *marchandes de modes* établies à Paris; mais cette expression ne figure pas encore en 1778, dans le *Dictionnaire de l'Académie*. Il y apparaît pour la première fois en 1815 : « On dit modes au pluriel pour signifier les ajustemens, les parures à la mode : marchande de modes. » L'édition suivante, publiée en 1835, reproduit cette définition, et ajoute : « Dans cette acception, il ne se dit qu'en parlant de ce qui sert à l'habillement des dames. » Cette même année, elle enregistre le mot *modiste*, qu'elle définit ainsi : « Ouvrier, ouvrière en modes, marchande de modes. »

Je ne sais trop comment prit naissance cette institution appelée à un si brillant avenir. Au début, les modistes dépendent de la corporation des merciers, ce qui prouve qu'elles ne

---

[1] *Inventaire du mobilier de la Couronne*, t. I, p. 30, nos 115 et 116.

doivent rien fabriquer, qu'elles ont seulement la liberté d'*enjoliver* les objets produits par les autres corps de métier[1]. Et pourtant, trois pages ne suffiraient pas pour donner une liste complète des innombrables privilèges qui leur étaient accordés. L'article 7 de leurs statuts leur confère le droit exclusif « d'entreprendre, façonner, garnir, enjoliver, vendre toutes sortes d'ajustemens de femmes, tels que bonnets, chapeaux[2], palatines, fichus, mantelets, mantilles, manchettes, pelisses, ceintures, etc. » Elles pouvaient « façonner toutes sortes de garnitures de robes, à l'exception de celles qui se font avec la même étoffe que la robe, et qui ne doivent être faites et appliquées que par les couturières, etc., etc. »

Les marchandes de modes employaient surtout le taffetas, la gaze, les dentelles, les rubans, les fleurs et les plumes. Elles « arrangent, diversifient, mélangent ces matières, suivant la destination que leur donnent l'usage et la fantaisie, suivant que le goût et le caprice du moment l'inspirent et l'exigent[3]. »

[1] Voy. *Le costume*, p. 4 et suiv.
[2] Autres que ceux de feutre, restés le monopole des chapeliers.
[3] Voy. l'*Encyclopédie méthodique*, manufactures, t. 1, p. 133*.

Ce sont elles, en un mot, qui créaient la mode. Le *grand habit* ou habit de Cour, que les personnes *présentées* avaient seules le droit de porter[1], se composait d'un corsage baleiné et d'une jupe : la marchande de modes laissait le tailleur confectionner le corps, et la couturière établir la jupe; elle devait se contenter d'ajouter à ces deux pièces ce que l'on appelait les *agrémens* ou les garnitures. Ceci n'a l'air de rien, mais il faut savoir que, vers 1780, il y avait cent cinquante façons de garnir une robe, et que chacune d'elles portait un nom particulier[2]. Marie-Antoinette tenait conseil avec ses faiseuses de modes comme le roi avec ses ministres. Mme Bertin, Mme Éloffe travaillaient avec la reine et dictaient des lois à l'Europe. Une fois par mois au moins, l'on expédiait à Londres *la poupée de la rue Saint-Honoré,* mannequin chargé d'aller porter aux dames anglaises le type de la mode nouvelle. De Londres, la poupée était successivement transmise à toutes les grandes capitales et jusqu'à Constantinople : « Ainsi, dit Mercier, le pli qu'a donné une main françoise se répète

[1] Voy. Mme de Genlis, *Dictionnaire des étiquettes,* t. I, p. 254.

[2] Voy. *Le vêtement,* p. 291.

chez toutes les nations, humbles observatrices
du goût de la rue Saint-Honoré [1]. »

Cette coutume remontait au milieu du dix-
septième siècle, car elle est mentionnée par
Furetière [2], et elle paraît avoir pris naissance
parmi les *Précieuses*. C'est chez Mlle de Scu-
déry qu'étaient alors attifées la *grande pandore*
destinée à reproduire la tenue d'apparat, et
la *petite pandore*, qui se bornait à porter le
déshabillé du matin. Durant la dernière guerre
de Louis XIV contre l'Angleterre, « par une
galanterie qui n'est pas indigne de tenir rang
dans l'histoire, les ministres des deux Cours
accordoient, en faveur des dames, un passe-
port inviolable à la poupée; et pendant les
hostilités furieuses qui s'exerçoient de part et
d'autre, elle étoit ainsi la seule chose qui fût
respectée par les armes [3]. »

Le goût français s'imposait donc déjà presque au monde entier. Mais les variations du

[1] *Tableau de Paris*, chap. 173, t. II, p. 213.
[2] *Le roman bourgeois*, édit. elzév., p. 76.
[3] Abbé Prévost, *Contes, aventures et faits singuliers*,
édit. de 1784, p. 493. — M. d'Haussonville raconte que,
pendant l'émigration, « l'esprit, le ton et les modes de
Paris ne cessèrent pas un instant de régner exclusivement
parmi ce monde qui n'avait pas craint de se liguer avec
l'étranger, mais qui redoutait plus que tout de devenir pro-
vincial. » (*Ma jeunesse*, p. 31.)

costume étaient si fréquentes, si imprévues
parfois, qu'à en croire le *Mercure galant*, les
modes avaient déjà vieilli quand elles arrivaient à l'étranger. « Elles passent de la Cour
aux dames de la ville, des dames de la ville
aux riches bourgeoises, des riches bourgeoises
aux grizettes qui les imitent avec de moindres
étoffes... De ces grizettes elles passent aux
dames de province, des dames de province
aux bourgeoises des mêmes lieux, et de là elles
passent dans les païs estrangers ; de manière
que, lorsqu'elles commencent à y avoir leur
cours, celles qu'on avoit depuis ce temps-là
inventées à la Cour commencent déjà à devenir vieilles [1]. »

Si l'on est curieux de connaître l'ajustement
très compliqué de la *poupée du* 18 *août* 1788,
on le trouvera décrit dans tous ses détails par
Mme Éloffe elle-même, dans son *Livre-journal*
qu'a publié M. Reiset [2]. Le baron de Risbeck,
qui rédigeait alors son voyage en Allemagne,
écrivait : « On suit généralement ici les usages
françois. On fait venir des poupées de Paris,
afin que les dames puissent en imiter le costume. Les hommes même ont, de temps en

---

[1] Année 1673, t. III, p. 322.
[2] *Livre-journal de Mme Éloffe*, t. I, p. 268.

temps, des mémoires de notre capitale ; ils les
font voir à leurs tailleurs et à leurs perru-
quiers. J'entendis dire, avant-hier, à une dame
qui étoit à la comédie et qui affectoit un air
de suffisance, que la reine de France avoit
porté au spectacle une coiffure semblable à la
sienne, il y avoit un mois [1]. »

L'édit d'août 1776 sépara les marchandes
de modes de la communauté des merciers, et
les constitua en corporation, sous le titre de
Marchandes de modes-plumassières-fleuristes.
Les statuts qui leur furent alors accordés
accrurent encore leurs privilèges. Ils leur
reconnaissent le droit de « fabriquer, enjoliver,
teindre, colorer et vendre tout ce qui concerne la profession de plumassier, » de confectionner les fleurs artificielles, aussi bien
celles qui doivent accompagner le costume
que celles qui ont pour objet d'orner les appartements. Elles peuvent vendre des cravates,
des nœuds d'épée, et « toutes sortes d'agré-
mens de femmes, » parmi lesquels on désigne d'une manière spéciale les objets destinés
à protéger la tête et le cou.

Le nombre des chapeaux et des bonnets

---

[1] *Voyages en Allemagne,* 1788, in-8°, p. 215.

qu'elles créèrent à la fin du dix-huitième siècle est prodigieux et dénote une fertilité d'imagination qui certainement ne sera jamais dépassée. Le chroniqueur Métra écrivait[1] le 28 janvier 1775 :

On ne peut prévoir jusqu'où s'étendra la mode des bonnets allégoriques pour la coëffure des femmes. Nos élégantes s'y livrent de plus en plus. Le sieur Beaulard[2], marchand de modes, surpasse tout ce qui s'est vu dans ce genre. Sur sa réputation, une étrangère nouvellement arrivée s'adressa à lui pour être coëffée suivant le ton du jour : «Je veux, Monsieur, un bonnet distingué, et où tous vos talens se déploient. Je suis Angloise, veuve d'un amiral; arrangez-vous là-dessus et donnez ample carrière à votre génie. » Le marchand porta, deux jours après, à l'étrangère un bonnet qui fit l'admiration de tous les cercles. Des bouillons de gaze y représentoient parfaitement une mer agitée, mille brimborions différens imitoient des vaisseaux, une flotte complète, etc. Enfin, ce bonnet a achevé la réputation du sieur Beaulard. Nos femmes lui doivent l'heureuse idée des *bonnets à la bonne maman.* On suppose que les grand'mères désapprouvent fortement les coëffures immenses et très élevées.

---

[1] *Correspondance secrète,* t. I, p. 179.

[2] L'*Almanach Dauphin pour* 1777 le nomme Bolard, et nous apprend qu'il demeurait rue Saint-Nicaise. Il ajoute : « Tient un des plus fameux magasins, fournit plusieurs princesses et dames de la Cour. »

Coiffure à la *Belle-Poule*.

Les *bonnets à la bonne maman*, au moyen de ressorts cachés et dont le jeu est facile, s'élèvent et se rabaissent à volonté. Ils sont, quand on est en famille, modestes et d'un volume ordinaire; est-on loin des grondeurs, on lâche les ressorts, et les bonnets remplissent toutes les conditions que la mode et le bon ton exigent.

Le 20 janvier de l'année suivante, Métra constate que « l'on donne aux bonnets la figure d'un pigeon ; et, à coup sûr, il n'est pas de femme qui, ainsi parée, ne s'attende au compliment que c'est une des colombes du char de Vénus [1]. »

Deux événements importants paraissent avoir marqué l'année 1777. Une marchande de modes, dont le nom n'est pas venu jusqu'à moi, inventa le bonnet *à la pie,* coiffure de deuil rayée de noir alternant avec une autre couleur [2]; et un chapelier, nommé Lecomte, qui demeurait rue Sainte-Avoye, « eut l'honneur de présenter à la Reine des chapeaux d'une espèce nouvelle; » ils étaient « en feutre, de forme à la romaine, très légers, » et pouvaient « être ornés de plumes [3]. »

En 1778, après la victoire de la frégate

[1] Tome II, p. 342.
[2] *Journal de Paris,* n° du 6 février 1777.
[3] *Journal de Paris,* n° du 16 mars 1777.

la Belle Poule, les femmes surmontèrent leur coiffure d'une frégate, munie de tous ses agrès.

En 1779, l'on compte deux cents espèces de bonnets, dont le prix varie entre dix et cent livres[1]. Sébastien Mercier écrivait vers 1782 :

Toutes les semaines, vous voyez naître une forme nouvelle dans l'édifice des bonnets. On a raffolé surtout des bonnets *au parc-anglois;* on a vu sur la tête des femmes, des moulins-à-vent, des bosquets, des ruisseaux, des moutons, des bergers et des bergères, un chasseur dans un taillis. Mais comme ces coëffures ne pouvoient plus entrer dans un vis-à-vis, on a créé le ressort qui les élève et les abaisse : dernier chef-d'œuvre d'invention et de goût.

. . . .

Les bonnets *à la Grenade, à la Thisbé, à la Sultane, à la Corse* ont passé, ainsi que les chapeaux *à la Boston, à la Philadelphie, à la Colin-maillard.* La coëffure *en limaçon* penche sur son déclin[2].

Les chapeaux *à la Marlborough*[3] firent fu-

---

[1] Hurtaut et Magny, *Dictionnaire de Paris*, t. III, p. 555. Passage introduit dans les *Mémoires du marquis de Valfons*, 1860, in-18, p. 415.

[2] *Tableau de Paris*, t. II, p. 197, 198 et 212.

[3] Voy. *Le vêtement*, p. 292.

reur en 1783[1]. En 1784, ce furent les bonnets *à la Randan, à la Bayard, à la Suzanne* et *à la Figaro;* ils avaient été mis à la mode par Mlle Contat, qui venait de jouer *L'amant bourru* et *Les amours de Bayard,* comédies de Monvel, puis *Le mariage de Figaro*[2].

Sous l'influence d'une reine frivole, ivre de coquetterie, les livres et les pièces en vogue, les événements politiques, les moindres incidents à la Cour et à la ville devinrent le prétexte de niaises allusions, bêtement figurées sur des objets de toilette.

J'ai donné, dans *Les soins de toilette,* une liste des poufs et des principales coiffures que le génie des artistes en cheveux créa au dix-huitième siècle. Les marchandes de modes ne voulurent pas se laisser surpasser par eux, et la nomenclature, même incomplète, des bonnets et des chapeaux inaugurés à la même époque n'est ni moins édifiante ni moins longue. Parmi les documents qui me l'ont fournie, je citerai surtout *Le magasin des modes,* ainsi que les collections de gravures conservées à la Bibliothèque nationale et à celle de la Ville.

---

[1] *Mémoires secrets, dits de Bachaumont,* 17 juin 1783, t. XXIII, p. 12.

[2] Baronne d'Oberkirch, *Mémoires,* t. II, p. 50.

CHAPEAUX

En Amazone.
A l'Américaine.
A l'Androsmane.
A l'Anglo-Américaine.
Anglois.
A l'Angloise.
A la Basile.
A la Bastienne.
Au Bateau renversé.
En Berceau d'amour.
Au Bonheur du siècle.
Bonnette.
A la Boston.
A la Bostonienne.
A la Brunette Angloise.
A la Caisse d'escompte.
A la Charlotte.
A la Chasseresse.
A la Chinoise.
Aux Cœurs volans.
A la Colette.
Au Colin-maillard.
A la Colonie.
A la Corse.

A la Courière.
A la Couronne.
A la Courtisane.
Demi-Bonnette.
Au Désir de plaire.
Au Devonshire.
A la Dragonne.
A la Duchesse.
A l'Économie du siècle.
A l'Énigme.
A l'Érigone.
A l'Espagnol.
A l'Espagnole.
Galant.
Au Glorieux destin.
A la Grenade.
A la Harpie.
A la Henri IV.
A l'Hermitage.
A la Hollandaise.
A la Housarde.
A l'Indépendant.
A l'Indolente.
Jacquet [1].

---

[1] C'est le nom que l'on donna d'abord aux jockeys. Je lis dans le *Carnet d'un Parisien pour les années 1775 et suivantes* : « 27 mars 1776. Course à la plaine des Sablons. Les chevaux sont conduits par deux jacquets. » (Bibliothèque nationale, *manuscrits*, fonds des nouvelles acquisitions, n° 4,444.)

A la Jockey.
A la Malpighi.
A la Maltaise.
A la Marigny.
A la Marinière.
A la Marlborough.
A la Minerve.
A la Nouvelle Angleterre.
A la Nouvelle Clarisse.
Paratonnerre.
A la Paysanne.
A la Pensylvanie.
A la Petite mère.
A la Philadelphie.
En Pouf.
Au Printemps.

A la Provençale.
A la Pucelle d'Orléans.
A la Quaker.
A la Redoute chinoise.
A la Saint-James.
A Soufflets.
A la Tarare.
Au Tartufe.
A la Théodore.
Tigré.
Au Transparent.
En Trophée militaire.
A la Vache.
A la Voltaire.
A la Zinzara.

BONNETS

A l'accord des plaisirs et
    des richesses.
Aux Aigrettes.
Anglo-Américain.
A l'Angloise.
Anonyme.
A l'Argus.
Artiste.
Au Bandeau d'amour.
A la Bastienne.
A la Bastille.
A la Bayart.
A la Béarnaise.
Au Becquot.

Aux Berceaux d'amour.
Aux Bienfaits de l'amour.
Au Bon ménage.
A la Bonne-maman.
A la Boston.
Aux Bouillons.
A la Brouette du vinai-
    grier.
Cabriolet.
A la Caisse d'escompte.
A la Captif.
A la Caravane.
A la Carmélite.
Aux Cerises.

Au chien couchant.

A la Citoyenne.

A la Cléopâtre.

A la Clochette.

Aux Clochettes.

A la Conquête assurée.

A la Corse.

La Couronne galante.

A la Crête de coq.

Au Croissant.

A la Crue de la Seine.

A la Czarine.

A la Débacle.

Aux délices de la Cour.

Au Diadème.

A la Dormeuse

A la Dragonne.

A la Draperie.

A l'Esclavage brisé.

A la Fanfan.

En Fichu.

A la Figaro.

A la Frascati.

A la Frivolité.

A la Fusée.

A la Gabrielle de Vergy.

A la Gertrude.

A la Glaneuse.

Au Globe fixé.

Au Glorieux d'Estaing.

A la Grande prêtresse.

Aux Grandes prétentions.

A la Grenade.

En Gueule de loup.

A la Henri IV.

Au Hérisson.

A la Huppe.

A l'Insurgent.

A l'Iphigénie.

A la Jeannette.

A la Laitière.

Au Lever de la reine.

A la Longchamps.

A Manchettes.

A la Marinière.

En Marmotte.

A la Moissonneuse.

A la Montgolfier.

A la Moresque.

Aux Navets.

Aux Notables.

Au Nouveau colysée.

A la Nymphe de Cérès.

Au Parc Anglois.

A la Paresseuse.

A la Paysanne.

A la Paysanne de Cour.

A la Philadelphie.

A la Pie.

A la Piémont.

A la Pierrot.

A la Plume de paon.

Au Pouf.

A la Poupoune.

Bonnets à la Randan et à la Bayart.

A la Prêtresse de Vénus.   Aux Trois ordres réunis.
A la Randan.   Turban.
A la Révolte.   A la Turque.
Au Rocher.   A l'union de Flore et de
Aux Sentimens repliés.   Zéphire.
A la Sultane.   A la Vestale.
A la Suzanne.   A la Veuve du Malabar.
Au triomphe des Grâces.   A la Victoire.
A la Thisbé.   A la Voltaire.

Presque toutes ces coiffures étaient d'une hauteur à ce point extravagante que « les femmes de petite taille avoient le menton à moitié chemin des pieds[1]. » Sur ce point, les témoignages contemporains sont aussi nombreux qu'unanimes; en aucun temps, sans même excepter ceux qui virent le règne des hennins, des escoffions et des commodes, la démence n'avait été poussée plus loin. « Les coiffures, dit madame Campan, parvinrent à un tel degré de hauteur, par l'échafaudage des gazes, des fleurs et des plumes, que les femmes ne trouvoient plus de voitures assez élevées pour s'y placer, et qu'on leur voyoit souvent pencher la tête ou la placer à la portière. D'autres prirent le parti de s'agenouiller, pour ménager d'une manière plus certaine encore

[1] Baronne d'Oberkirch, *Mémoires*, t. I, p. 62.

le ridicule édifice dont elles étoient surchar-
gées[1]. » Le comte de Vaublanc n'est pas
moins sévère : « J'ai vu une dame qui, non
seulement étoit à genoux dans sa voiture,
mais encore passoit la tête par la portière.
J'étois assis auprès d'elle. Quand une femme
ainsi panachée dansoit dans un bal, elle étoit
contrainte à une attention continuelle de se
baisser lorsqu'elle passoit sous les lustres, ce
qui lui donnoit la plus mauvaise grâce que
l'on puisse imaginer. On assuroit, dans ce
temps, que, lorsque l'impératrice Marie-
Thérèse vit un portrait qui retraçoit la reine
de France, sa fille, ainsi coiffée, elle poussa
un gémissement et se mit à pleurer[2]. » Elle
refusa la miniature, et écrivit à Marie-Antoinette qu'il y avait eu erreur dans l'envoi,
puisqu'elle avait reçu le portrait d'une comé-
dienne, non celui d'une reine[3].

Cette sévère leçon ne profita pas plus à la
reine que les remontrances de son mari. Un
jour, il lui apporta la moitié des diamants
qu'il possédait, la priant de s'en tenir désor-
mais à ces ornements[4]. Un peu plus tard, Carlin

---

[1] *Mémoires*, t. I, p. 96.
[2] *Mémoires*, édit. Barrière, p. 133.
[3] Soulavie. *Mémoires du règne de Louis XVI*, t. II, p. 76.
[4] *Ibid.*   *ibid.*   *ibid.* t. II, p. 75.

« jouant à la Cour, devant la reine, en habit d'Arlequin, avoit mis à son chapeau, au lieu de la queue de lapin qui en est l'accessoire obligé, une plume de paon d'une excessive longueur. Cette aigrette d'un nouveau genre et qui s'embarrassoit dans les décorations, lui donna lieu de hasarder cent lazzi. On vouloit le punir, mais il passa pour certain qu'il n'avoit pas agi sans ordre [1]. »

Marie-Antoinette était devenue reine le 10 mai 1774. La folie de la parure possédait à tel point ce frivole cerveau que, dès cette première année, elle s'endetta à l'insu du roi de trois cent mille francs, dépensés en chiffons. Naturellement, toute la Cour imitait ces extravagances, et l'on vit la comtesse de Matignon passer un marché avec le modiste Beaulard, qui devait, moyennant vingt-quatre mille livres par an, lui fournir chaque jour une coiffure nouvelle [2]. « On vouloit à l'instant, écrit madame Campan, avoir la même parure que la reine, porter ces plumes [3] auxquelles sa

[1] Campan, t. I, p. 96. Note de l'éditeur.
[2] Baronne d'Oberkirch, t. II, p. 257.
[3] Les plumes étaient alors travaillées et vendues par la corporation des plumassiers, successeurs des chapeliers de paon, dont j'ai parlé plus haut. Officiellement qualifiés de « maîtres plumassiers-panachers-bouquetiers-enjoliveurs, »

beauté, qui étoit alors dans tout son éclat, prêtoit un charme infini. La dépense des jeunes dames fut extrêmement augmentée; les mères et les maris en murmurèrent. Quelques étourdies contractèrent des dettes; il y eut de fâcheuses scènes de famille, plusieurs ménages refroidis ou brouillés; et le bruit général fut que la reine ruineroit toutes les dames françaises [1]. »

ils avaient pour patron saint Georges. A la fin du dix-huitième siècle, ils étaient au nombre de vingt-cinq.

On recherchait surtout les plumes d'autruche, de héron, de coq, d'oie, de vautour, de paon et de geai.

Les plumes d'autruche arrivaient presque toutes d'Alger, où l'on élevait des troupeaux de ces animaux pour les dépouiller chaque année, au mois de juin, de leurs grandes plumes. Venaient ensuite celles qu'envoyaient Tunis, Alexandrie, Madagascar. Le commerce en était concentré à Livourne, qui faisait des expéditions dans toute l'Europe et surtout en France. On préférait les plumes de l'autruche mâle. Celles du dos et du dessus des ailes l'emportaient sur toutes. On classait ainsi les autres : plumes des ailes déjà un peu usées par le frottement, celles des bouts d'ailes, celles de la queue, etc. On les teignait en noir, en rose, rouge, bleu céleste, vert, lilas, jaune, boue de Paris, souci et ponceau.

Les plumes de héron noir ou de héron fin étaient beaucoup plus rares et beaucoup plus chères que celles de l'autruche. L'Allemagne et la Turquie les fournissaient. Elles ne figuraient guère que dans les panaches flottant sur le chapeau des récipiendaires de l'ordre du Saint-Esprit. Ces panaches valaient de douze cents à six mille livres. Le héron de France ou héron faux était peu estimé.

[1] Campan, t. I, p. 95.

Les gazettes, qui représentaient l'opinion de la bourgeoisie et des salons les plus influents, ne tardèrent pàs à railler ces insanités, et ne ménagèrent guère l'imprudente souveraine vers qui étaient tournés tous les regards.

Ouvrons la *Correspondance secrète :*

9 *janvier* 1775. La reine a imaginé pour ses courses de traîneaux une parure de tête qui porte les coëffures des femmes à une hauteur prodigieuse. Plusieurs de ces coëffures représentent des montagnes élevées, des prairies émaillées, des ruisseaux argentins, des forêts, enfin un jardin à l'angloise [1]. Ces panaches, que la reine renouvelle tous les jours, ont frappé le roi avant-hier ; et pour témoigner d'une manière galante qu'ils lui déploisoient, Sa Majesté a présenté à son épouse une magnifique aigrette de diamans, en lui disant : « Je vous prie de vous borner à cet ornement, dont même vos charmes n'ont pas besoin ; ce présent doit vous être d'autant plus agréable qu'il n'augmente point mes dépenses, puisqu'il n'est composé que des diamans que j'avois étant Dauphin. »

19 *janvier.* La folie des plumes est arrivée à un excès qu'il est même impossible de soupçonner.

25 *février.* La coëffure de nos femmes s'élève de plus en plus ; et à ce moment, telle coëffure qu'on eut, il y a quelques mois, regardée comme ridicu-

---

[1] Voy. *Les soins de toilette*, p. 142 et suiv.

lement haute, n'est déjà plus supportable, même dans la bourgeoisie.

Les femmes de qualité portent des panaches de deux et trois pieds de hauteur, et c'est la reine qui donne l'exemple.

28 *mai.* Chanson sur l'air : *Réveillez-vous, belle endormie.*

Oui, sur la tête de nos dames
Laissons les panaches flotter :
Ils sont analogues aux femmes,
Elles font bien de les porter.

La femme se peint elle-même
Dans ce frivole ajustement,
La plume vole, elle est l'emblème
De ce sexe trop inconstant.

Des femmes on sait la coutume.
Vous font-elles quelque serment,
Fiez-vous y comme à la plume :
Autant en emporte le vent.

La femme aussi, de haut plumage
Se pare au pays des Incas ;
Mais là les beautés sont sauvages,
Et les nôtres ne le sont pas.

Tandis que d'un panache, en France,
Un époux orne sa moitié,
D'un autre, avec reconnoissance,
Par elle il est gratifié.

Quelques mois plus tard, en février 1776,

Marie-Antoinette honora de sa présence un bal donné par la duchesse de Chartres. Les *Mémoires secrets* racontent qu'à cette occasion « la Reine ayant redoublé la hauteur de son panache, il fallut le baisser d'un étage pour qu'elle pût entrer dans son carrosse, et le lui remettre quand elle en est sortie. » Comme on imitait la reine, même dans la bourgeoisie, les théâtres étaient troublés par des querelles sans cesse renaissantes ; à ce point que de Visme, directeur de l'Opéra, se vit forcé d'interdire l'entrée de l'amphithéâtre aux coiffures trop élevées[1]. Il donnait là un bon exemple que tous les directeurs actuels devraient bien suivre.

Au moment où, d'un bout à l'autre de la France, grondait l'ouragan qui allait emporter la royauté, voilà quelles étaient les préoccupations de la Cour, de la souveraine dont la futilité transformait en importants personnages Léonard Autier, son coiffeur, et la Bertin, sa marchande de modes.

Les attentions dont la reine comblait cette fille, et l'orgueil qu'en témoignait celle-ci étaient le sujet d'une foule d'anecdotes qui

[1] Tome XII, p. 154.

déversaient le ridicule sur l'une et sur l'autre.
La *Correspondance secrète* va encore nous
révéler quelques incidents dont on ne peut
suspecter la véracité, et qu'un peintre de
mœurs ne saurait passer sous silence :

11 *avril* 1778. Vous avez peut-être entendu parler d'une Mlle Bertin, marchande de modes fort en
vogue aujourd'hui à Paris, et très-connue par ses
tons ridicules. Pour vous en donner un exemple,
je vous raconterai un de ses propos.

Une femme de qualité vient demander à cette
demoiselle Bertin plusieurs bonnets pour envoyer
dans la province. La marchande, couchée sur une
chaise longue dans un caraco élégant, daigne à
peine saluer la femme de qualité par une très-
légère inclination de tête. Elle sonne : une jeune
nymphe charmante qu'on nomme Mlle Adelaïde se
présente. « Donnez à Madame, dit Mlle Bertin, des
bonnets d'un mois. » La dame lui représente qu'on
en voudrait de plus nouveaux. « Cela n'est pas
possible, Madame, reprend la marchande; dans
mon dernier travail avec la reine, nous avons
arrêté que les bonnets les plus modernes ne paroî-
troient pas avant huit jours. » Depuis ce temps, on
n'appelle plus la demoiselle Bertin que le ministre
des modes [1].

Voulez-vous voir Louis XVI se faisant, une

[1] Tome VI, p. 146.

fois au moins, le complice des folies de Marie-Antoinette? Ouvrons les *Mémoires secrets* :

5 *mars* 1779. On a parlé plusieurs fois de mademoiselle Bertin, marchande de modes de la reine, et qui a l'honneur de travailler directement avec Sa Majesté pour tout ce qui concerne cette partie de sa garde robe : son atelier donne sur la rue Saint-Honoré [1]. Le jour où la reine a fait son entrée, elle n'a pas manqué de se mettre sur son balcon, à la tête de ses trente ouvrières. Sa Majesté l'a remarquée en passant, a dit : « Ah! voilà mademoiselle Bertin, » et en même temps lui a fait de la main un signe de protection, qui l'a obligée de répondre par une révérence. Le roi s'est levé, et lui a applaudi des mains : autre révérence. Toute la famille royale en a fait autant, et les courtisans, singeant le maître, n'ont pas manqué de s'incliner en passant devant elle. Autant de révérences, qui l'ont extrêmement fatiguée. Mais cette distinction lui donne un relief merveilleux et augmente la considération dont elle jouissoit déjà [2].

Écoutons encore la baronne d'Oberkirch :

17 *mai* 1782. J'allai, en quittant madame de la Salle, faire une visite de femme chez mademoiselle Bertin, fameuse marchande de modes de la reine, selon l'ordre que j'en avois reçu de madame la grande-duchesse, afin de m'informer si ses robes

[1] Elle avait pour enseigne : *Au grand Mogol.*
[2] *Mémoires secrets, dits de Bachaumont,* t. XIII, p. 299.

étaient prêtes. Toute la boutique travaillait pour
elle ; on ne voyait de tous côtés que des damas, des
dauphines, des satins brochés, des brocarts et des
dentelles. Les dames de la Cour se les faisoient
montrer par curiosité ; mais jusqu'à ce que la princesse les eût portées, il étoit défendu d'en donner
les modèles. Mlle Bertin me sembla une singulière
personne, gonflée de son importance, traitant
d'égale à égale avec les princesses.

On raconte qu'une dame de province vint un
jour lui demander une coiffure pour sa présenta-
tion ; elle voulait du nouveau. La marchande la
toisa des pieds à la tête et, satisfaite sans doute de
cet examen, elle se retourna d'un air majestueux
vers une de ses demoiselles en disant : « Montrez à
madame le résultat de mon dernier travail avec Sa
Majesté [1]. »

28 *mai* 1786. Je n'avois pas encore visité mademoiselle Bertin depuis mon retour, et chacun me
parloit de ses merveilles. Elle avoit repris de plus
belle d'être à la mode : on s'arrachoit ses bonnets.
Elle m'en montra, ce jour-là, elle-même, ce qui
n'étoit pas une petite faveur, au moins une tren-
taine, tous différents.

. . . .

Le jargon de cette demoiselle étoit fort divertis-
sant. C'étoit un mélange de hauteur et de bassesse
qui frisoit l'impertinence quand on ne la tenoit pas

---

[1] *Mémoires*, t. I, p. 180. Cette anecdote est racontée,
dans les mêmes termes, par les mémoires de Bachaumont à
la date du 4 janvier 1781, t. XVII, p 9.

de très court, et qui devenoit insolent pour peu qu'on ne la clouât pas à sa place. La reine, avec sa bonté ordinaire, l'avoit admise à une familiarité dont elle abusoit, et qui lui donnoit le droit, croyoit-elle, de prendre des airs d'importance [1].

Tout cela finit mal. En 1787, l'impudente modiste dut déposer son bilan. « Il est vrai que sa banqueroute n'est point plébéienne, écrivait encore la baronne d'Oberkirch [2], c'est une banqueroute de grande dame : deux millions! C'est quelque chose pour une marchande de chiffons. »

Parmi les propriétaires de magasins en vogue, l'on citait encore :

Mlle ALEXANDRE, *rue de la Monnaie.* Tient un des plus fameux magasins de modes, fournit plusieurs princesses et dames de la Cour.

Mme DUBOIS, *rue Saint-Honoré. Au Dauphin.*

Mlle HENRIOT, *rue de Richelieu,* vis-à-vis le passage du Palais-Royal. *Au Goût du siècle.*

Mme PREVOTEAU, *rue Saint-Denis. Aux Trois-pucelles.* Fameux commissionnaire en soieries, gazes et dentelles.

M. SAINTFRÉ, *rue Saint-Honoré. Au Trait galant.* Un des plus fameux magasins.

M. LABÉ, *rue Saint-Denis. A la Croix de fer.*

---

[1] *Mémoires,* t. II, p. 61.
[2] *Ibid.,* t. II, p. 374.

Les marchandes de modes, leurs ouvrières et leurs apprenties ne passaient pas pour cruelles, et les écrivains du dix-huitième siècle leur ont fait une réputation qui semble bien avoir été méritée :

Plus d'une, écrit Sébastien Mercier, ne fait qu'un saut du magasin au fond d'une berline angloise [1]. C'est une espèce de lot qui lui échoit. Elle était fille de boutique, elle revient un mois après y faire ses emplettes, la tête haute, l'air triomphant... Les moins jolies ou les plus infortunées se glissent furtivement dans des maisons qui ont l'air de la décence, mais où cette vertu ne règne pas exactement. Elles ne mettent point sur le compte de leur tempérament ou de leur goût libertins les petits péchés qu'elles y commettent, mais sur le besoin qu'elles ont de robes, de chapeaux, et d'une chaussure qui les distingue des viles couturières [2].

« On n'avait point encore imaginé d'exposer aux yeux des passans les chefs-d'œuvre commandés de l'industrie des modistes [3]. Seu-

---

[1] Suivant l'*Encyclopédie méthodique*, « la légèreté de la nation a valu depuis long-temps à la France l'empire des modes. C'est aussi dans la capitale qu'une foule innombrable de jeunes filles, séduites par l'appât d'un état facile et lucratif, se dévouent au travail de ces brillans chiffons, et justifient à plus d'un égard le nom qu'on leur a donné de prêtresses de Vénus. » *Manufactures*, t. I, p. 135*.

[2] *Tableau de Paris*, t. XI, p. 111.

[3] Mais cela ne tarda guère, car Prud'homme écrivait

D'après l'Encyclopédie raisonnée. Dix-huitième siècle.

lement quelques boutiques des galeries de bois du Palais-Royal, pour attirer les regards des promeneurs, étalaient quelques bonnets et chapeaux à la mode, avec les minois à prétention de cinq ou six grisettes, qui travaillaient avec de fréquentes distractions[1]. »

Mercier le dit tout crûment :

L'idée d'un sérail prend à tout étranger qui voit pour la première fois une boutique de marchande de modes. Il y a des minois charmans à côté de laides figures assises dans un comptoir, à la file l'une de l'autre ; elles ornent ces pompons, ces colifichets que la mode varie ; on les lorgne en passant. Ces filles, l'aiguille à la main, jettent incessamment l'œil dans la rue ; la place d'honneur est la plus voisine du vitrage de la porte... Vous les regardez librement, et elles vous regardent de même. En passant devant ces boutiques, un abbé, un militaire, un jeune sénateur y entrent pour considérer les belles. Les emplettes ne sont qu'un prétexte ; on regarde là vendeuse et non la marchandise. Un jeune sénateur achète une bouffante, un abbé sémillant demande de la blonde ; il tient

en 1807 : « Les bonnets et les chapeaux de femmes sont exposés en étalage chez les marchandes de modes, comme les jambons et les cervelas aux boutiques des charcutiers. » *Miroir de Paris*, t. V, p. 238.

[1] *Vie publique et privée des Français depuis la mort de Louis XV jusqu'au commencement du règne de Charles X*, t. II, p. 213.

l'aune à l'apprentisse qui mesure : on lui sourit,
et la curiosité rend le passant de tout état acheteur
de chiffons.

Le travail des modes est un art, art chéri, triomphant, qui dans ce siècle a reçu des honneurs, des
distinctions. Cet art entre dans le palais des rois, y
reçoit un accueil flatteur. La marchande de modes
passe au milieu des gardes, pénètre l'apartement
où la haute noblesse n'entre pas encore. Là on
décide sur une robe, on prononce sur une coëffure,
on examine tout le jeu d'un pli heureux. Les
grâces, ajoutant aux dons de la nature, embellissent
la majesté...

Les marchandes de modes ont couvert de leurs
industrieux chiffons la France entière et les nations
voisines. Tout ce qui concerne la parure a été
adopté avec une espèce de fureur par toutes les
femmes de l'Europe. C'est une contrefaçon uni-
verselle ; mais ces robes, ces garnitures, ces rubans,
ces gazes, ces bonnets, ces plumes, ces blondes, ces
chapeaux font aujourd'hui que quinze cent mille
demoiselles nubiles ne se marieront pas. Tout mari
a peur de la marchande de modes, et ne l'envisage
qu'avec effroi. Le célibataire, dès qu'il voit ces
coëffures, ces ajustemens, ces panaches dont les
femmes sont idolâtres, réfléchit, calcule et reste
garçon. Mais les demoiselles vous diront qu'elles
aiment autant des poufs et des bonnets historiés
que des maris. Soit[1].

[1] Mercier, t. VI, p. 308 et t. XI, p. 110. — Voy. aussi
l'*Encyclopédie méthodique,* Jurisprudence, t. X, p. 535,

On sait que Jeanne Bécu, devenue par la faveur royale comtesse Du Barry, entra, vers 1760, en apprentissage chez le sieur Labille, marchand de modes, dont le magasin était situé rue Neuve des Petits-Champs, près de la place des Victoires. Elle fit là ses débuts dans la carrière de la galanterie. Le pamphlétaire Pidansat de Mairobert en a composé tout un roman, et nous montre Jeanne Bécu quittant presque aussitôt le magasin de modes pour entrer dans la célèbre maison de la Gourdan[1]. Un biographe mieux informé et plus impartial se borne à reconnaître que, comme la plupart de ses compagnes, elle « fut alors une femme entretenue dans l'acception la plus étendue de ces mots[2]. »

et le *Brevet d'apprentissage d'une fille de modes à Amathonte*, dans Éd. Fournier, *Variétés*, t. VIII, p. 223.

[1] *Anecdotes sur madame la comtesse Du Barri*, édit. de 1776, p. 17.

[2] Ch. Vatel, *Histoire de madame Du Barry*, t. I, p. 62.

ROBERT, COMTE DE BRAINE, MORT EN 1233.
D'après son tombeau.

LA BONNETERIE

I

Origine des bonnetiers. — Le bonnet de coton au treizième siècle. — Les coiffes et les coiffiers. — La rue aux Coiffières. — L'aumusse et les aumussiers. — Les chapeliers de coton. Analyse de leurs statuts du treizième et du quatorzième siècles : Formalités pour s'établir; l'apprentissage; la fabrication; la teinture. — Titre que prend la corporation en 1315. — La birette ou barette. — Première mention du mot bonnetiers. — Les bonnetiers admis dans les *Six-Corps*.

Pour retrouver l'origine de nos bonnetiers actuels, il faut remonter aux *coiffiers*, aux *aumussiers*, aux *chapeliers de coton* et aux *chaussetiers* du treizième siècle.

Le bonnet de coton était alors d'un usage assez répandu comme coiffure du jour. Les rois eux-mêmes en portaient. Joinville nous dit, en effet, que saint Louis « avoit vestu un chapel de coton en sa teste [1], » et l'on sait

---

[1] *Vie de saint Louis*, édit. de Wailly, p. 35.

qu'au moyen âge le mot *chapel* sert à désigner toute coiffure, fût-ce un diadème ou une couronne de fleurs. Mais, au lieu de se terminer en pointe comme notre classique bonnet de coton, les bonnets de cette époque, plats et très bas, avaient à peu près l'aspect de nos calottes[1]. On les nommait *coiffes*.

Dès la fin du siècle, ils changèrent de forme, en conservant leur nom. Ils devinrent de véritables béguins d'enfant, des bonnets à trois pièces, qui enveloppaient toute la tête et se nouaient sous le menton. On les recouvrait parfois d'un chapeau.

La nouvelle mode dura près de deux siècles, car le roi Jean et même son fils Charles V la suivaient encore[2].

Ces coiffes étaient toujours blanches, et faites de coton, de lin, de gaze ou de laine. Les élégants les ornaient souvent de broderies représentant des oiseaux et des fleurs. C'est ainsi qu'il faut entendre ces vers du *Dit d'un mercier*[3] :

---

[1] Voy. Montfaucon, *Monumens de la monarchie françoise*, t. II, pl. 14, 29, 34, etc.

[2] Voy. Montfaucon, t. II, p. 55 et t. III, p. 12. — Millin, *Antiquités nationales*, Blancs-manteaux, t. IV, p. 14.

[3] Bibliothèque nationale, manuscrits, fonds français, n° 19,152. Voy. *Le vêtement*, p. 4.

L'HISTORIÉN JOINVILLE.

D'après un manuscrit d'environ 1330.

J'ai de beax cuevrechiés [1] à damcs,
Et coiffes laceites beles [2]
Que ge vendrai à cez puceles.
S'en ai de lin à damoiseax,
A florete et à oiseax,
Bien lichiées et bien polies
A coiffier devant lor amies [3].

On voit que les deux sexes étaient égaux devant cette affreuse coeffure, qui, à peine modifiée dans sa forme, servait aussi de bonnet de nuit. Je lis, par exemple, dans un compte de 1316 : « A Jehanne la coeffière, pour deux dousainnes de coeffes, baillées à Huet, le bar-bier du Roy [4], 24 sous. » Et plus loin : « A Perrenelle la coeffière, pour quatorze douzain-nes de coeffes pour madame la Royne [5], 9 livres 16 sous [6]. » La *Taille de* 1292 indique 29 coif-fiers ou coiffières. Je rencontre parmi ces der-nières les deux femmes qui viennent d'être nommées : « Jehanne, la coiffière le Roy, » qui habitait rue Saint-Séverin, et « Perronnele

[1] De beaux couvre-chefs.
[2] Et belles coiffes à lacets.
[3] J'en ai de lin pour les jeunes gens. Elles sont ornées de fleurs et d'oiseaux bien exécutés et bien soignés; ils pour-ront s'en coiffer devant leurs amies.
[4] Philippe le Long.
[5] Jeanne de Bourgogne.
[6] Douët-d'Arcq, *Comptes de l'argenterie*, p. 16 et 35.

la coiffière, » qui était établie dans la rue aux Coiffières[1]. La *Taille de* 1300 cite seulement 13 coiffiers ou coiffières : le métier était donc déjà en décadence.

L'*aumusse*, coiffure d'hiver et ordinairement fourrée, ressemblait fort aux capulets que portent encore les paysannes des Pyrénées. Elle se composait d'un capuchon pointu qui couvrait la tète, tandis que le reste de l'étoffe retombait sur les épaules[2]. La *Taille de* 1292 cite 9 *aumuciers* ou *aumucières,* celle de 1300 en mentionne 8 seulement. Le jour de Pàques 1387, le fou de Charles VI était coiffé d'«une aulmuce d'escarlate vermeille[3]. » Dans le quinzième siècle, l'aumusse, affectée surtout aux chanoines[4], prit une ampleur extrême, et en vint à ressembler à nos cabans. On en faisait encore au siècle suivant, comme le prouve

[1] Pages 152 et 115. — La rue aux Coiffières est nommée par Guillot (*Dit des rues de Paris*) la *Coifferie.* Elle devient rue *Jean-de-l'Épine* dans la *Taille de* 1313. Elle conserva ce nom jusqu'en 1853, année où elle fut supprimée pour l'agrandissement de la place de l'Hôtel-de-Ville.

[2] Voy. Millin, *Saint-Spire de Corbeil,* t. II, p. 12.

[3] Douët-d'Arcq, *Nouveaux comptes de l'argenterie,* p. 247.

[4] Sur les variations que subit la forme de l'aumusse, voy. Claude de Vert, *Explication des cérémonies de l'Église,* t. II, p. 257 et suiv.

ce passage d'une chanson datée de 1543 :

> Il a la coqueluche,
> Dieu vueille le tuer !
> Dont a mys son ausmuche
> Pour tousser et huer.

Mais il y avait alors plus de deux cents ans que les aumussiers étaient réunis à la corporation des chapeliers de coton.

Ceux-ci soumirent, vers 1268, à l'homologation du prévôt Étienne Boileau des statuts assez embrouillés [1], et qui ont surtout le tort de ne pas nous dire clairement quelle était la spécialité de la corporation. L'article 5 se borne à nous apprendre que « quiconques est chapeliers de coton, il puet ouvrer de lainne, de poil et de coton ; » d'où l'on peut conclure, je crois, que les chapeliers de coton confectionnaient, outre des bonnets, tous les ouvrages tricotés dont on se servait alors. Cette hypothèse est confirmée, d'ailleurs, par les statuts postérieurs.

Le métier était libre. Pour avoir le droit de s'établir, il suffisait de jurer en présence du prévôt de Paris que l'on était résolu à se soumettre « aus us et aus coustumes » du métier [2],

---

[1] *Livre des métiers*, titre XCII.
[2] Article 1.

et à faire « bone ouevre et léal. » Le nouveau
maître s'engageait même par serment à saisir,
où qu'il la trouvàt, toute œuvre mal faite ou
de mauvaise qualité,. et à la remettre au prévôt : « Il les doit prendre en quelque terre
que il les truist, et porter les au prévost de
Paris, et dire au prévost la mauveisté et le
vice de la marchandise[1]. » Celui-ci ordon-
nait qu'elle fût brûlée devant l'huis du coupable.

Chaque maître pouvait avoir un nombre
illimité d'apprentis, et régler comme il l'en-
tendait les conditions de l'apprentissage[2].

Il n'est question dans ces statuts ni de
jurés, quoique la communauté en eût certainement, ni du service du guet, dont elle
paraît avoir été dispensée[3].

La *Taille de* 1292 cite 47 chapeliers de
coton, celle de·1300 n'en mentionne que 39.

Les statuts que je viens d'analyser furent
revisés peu d'années après, et une nouvelle
rédaction fut encore adoptée en 1315[4]. Les

---

[1] Article 2.
[2] Article 4.
[3] Voy. une charte du commencement du quatorzième
siècle, qui a été publiée par Depping, *Ordonnances relatives aux métiers,* p. 425.
[4] *Ordonn. royales,* t. IV, p. 703.

maîtres ne peuvent plus engager qu'un seul
apprenti à la fois, et la durée de l'apprentissage est fixée à cinq ans[1]. Il paraît que,
comme les drapiers, ils avaient alors le droit
de teindre leurs produits, car le prévôt leur
enjoint d'employer « bonne couleur, vive et
loyal, qui ne se puisse destaindre; » autrement, ajoute-t-il, « que demeure la lainne de
tele couleur comme elle vient des bestes. » Le
titre primitif des maîtres a disparu; ils sont
nommés *Chappeliers de gans de laine ou de
bonnets,* et encore *Ouvriers de gans, d'aumu-
ces, birettes, chapiaus et bonnès de laine, et de
tout autre ouvrage fait à l'esguille appartenant
audit mestier*[2]. J'ai dit ce qu'était l'aumusse.
La *birette* ou *barette* était ordinairement en
laine, mais sa forme rappelle celle de nos
bonnets de coton pointus; son extrémité,
ordinairement terminée en fond de sac, retombait sur un des côtés ou sur le devant de la
tête. C'était la coiffure préférée de Jean sans
peur, c'est celle qu'il porte dans toutes les
anciennes miniatures où il est représenté.

Les statuts de la communauté qui nous
occupe furent confirmés de nouveau en février

[1] Article 4.
[2] Articles 9, 12, 14.

1366 et en février 1380 [1], sans que rien soit changé au titre antérieurement attribué aux membres de la corporation. Je les trouve mentionnés pour la première fois sous le nom de *Bonnetiers* dans l'ordonnance dite des *Bannières* [2], qui fut rendue par Louis XI au mois de juin 1467.

Sous ce nouveau nom, leur commerce prit une grande extension; à ce point que, peu d'années après, ils furent en état d'aspirer à l'honneur très envié de faire partie des *Six-Corps* [3]. En 1514, lors de l'entrée à Paris de la reine Marie d'Angleterre, les changeurs, bien déchus de leur antique opulence, déclarèrent qu'ils n'étaient pas en état de pourvoir aux frais qu'entraînaient pour les *Six-Corps* ces sortes de cérémonies. « Et au regard des changeurs, disent les *Registres de la ville* [4], ils se excusèrent, disans que de present, ilz estoient en petit nombre, comme de cinq ou six

---

[1] *Ordonn. royales*, t. IV, p. 705, et t. VI, p. 559.

[2] *Ordonn. royales*, t. XVI, p. 671. — Sur cette curieuse ordonnance, voy. A. F., *Les armoiries des corporations ouvrières de Paris*, p. 4 et suiv.

[3] Sur les *Six-Corps*, voy. A. F., *Les armoiries*, etc. p. 16 et suiv. — En 1504, les *Six-Corps* comprenaient les drapiers, les épiciers, les pelletiers, les merciers, les changeurs et les orfèvres.

[4] Archives nationales, H 1778, f° 281.

seullement, et à celle cause·ne pourroient
fournir aux fraiz de s'habiller selon qu'il.est
bien requiz, sans leur grant grief et detriment,
requerans. estre deschargez de ceste affère. A
quoy leur fut respondu par Messeigneurs [1],
qu'ilz avoient accoustumé de le faire, et qu'ilz
se meissent en peine d'y continuer;.et néant-
moins que iceulx mesdits Seigneurs s'enquer-
roient aux maistres jurez d'autres marchandises si vouldroyent prendre ceste charge au
lieu d'iceulx changeurs, et lors les en deschar-
geroient. » Les bonnetiers se présentèrent
aussitôt, et prirent avec empressement la place
des changeurs : « Si en parlèrent depuis mesdits Seigneurs aux maistres jurés bonnetiers,
lesquelz ont depuis fait et declaré qu'ilz estoient contans prendre ceste charge et d'estre
vestuz d'habitz de soye [2] pour porter le ciel [3]
ou lieu qui leur seroit ordonné, et d'amener
avecques eulx quelque bon nombre de gens
de leur estat [4], en honnestes habits de parure :
dont mesdits Seigneurs ont esté très contans. »

Tout, à cette époque, réussissait aux bonne-

[1] De l'hôtel de ville.
[2] C'était le costume exigé.
[3] Pour porter le dais sur la tête de la reine.
[4] Les jurés seuls des *Six-Corps* portaient alternativement
le dais pendant le cours de la cérémonie.

tiers. En même temps que l'admission dans
les *Six-Corps* leur attribuait le cinquième rang
parmi les représentants officiels du commerce
de Paris, une découverte nouvelle, celle de
l'application du tricot à la fabrication des bas,
allait donner un grand essor à leur négoce et
doubler l'importance de la communauté.

II

Origine du tricot. — Les robes sans couture. — Le haut-de-
chausses et le bas-de-chausses. — La culotte courte et les
bas. — Les chaussetiers. — Les chausses de laine. —
Henri II porta-t-il, le premier, des bas de soie? — Les
bas tricotés. — La corporation des chaussetiers disparaît.
— Étymologie du mot *tricot*. — La mesure du pied prise,
dès le seizième siècle, sur la main fermée. — Bas d'estame.
— Les bonnetiers du faubourg Saint-Marcel. — Leurs
statuts. L'apprentissage. Le *chef-d'œuvre* et l'*expérience*.
Le colportage. Les jurés. — La crémiolle. — Le bonnet
de coton du quinzième au dix-huitième siècle.

Le tricot était connu dès l'antiquité, et l'on
possède des bas du septième siècle, tissés à
l'aiguille et en rond, talent que depuis longtemps devait posséder toute bonne mère de
famille; c'est même ainsi que se faisaient ces
robes sans couture dont il est parlé dans
l'Évangile [1]. Le tissu de mailles, toujours dé-

---

[1] *Évangile de saint Jean,* chap. XIX, v. 23-24.

signé sous le nom de *travail à l'aiguille,* ne
cessa jamais d'être employé, et nous avons vu
qu'au treizième siècle on tissait à l'aiguille des
gants et des bonnets; mais, fait vraiment
étrange, l'habitude d'appliquer ce travail à la
confection des bas, des chausses comme on disait alors, s'était absolument perdue. Les
chausses, en toile, en feutre, en soie ou en drap,
tantôt recouvertes de bandelettes croisées, tantôt bouffant ou plissant sur les jambes, s'atta-
chaient soit aux genoux, soit aux braies, avec
des jarretières parfois fort élégantes, et dont
on laissait pendre les bouts. Au treizième
siècle, les chausses étaient très longues, montaient jusqu'à mi-cuisse; au quinzième, elles
s'élevèrent plus haut encore, jusqu'à une sorte
de court caleçon à braguette, qui prit le nom
de *haut-de-chausses,* tandis que les chausses
devenaient *bas-de-chausses* et par abréviation
bas. Ces deux pièces, successivement modifiées
suivant les exigences de la mode, constituent
dès lors la culotte courte et les bas, tels qu'ils
sont venus jusqu'à nous.

La fabrication des chausses était le privilège d'une corporation spéciale, celle des
chaussetiers ou chauciers, car l'on écrivait
indifféremment chausses ou chauces. Ils

prirent le nom de chauciers dans les statuts
qu'ils soumirent, en 1268, à l'homologation
du prévôt Étienne Boileau[1]. On y voit que la
communauté se trouvait dans une assez triste
situation; plusieurs maîtres avaient dû rede-
venir ouvriers, et plusieurs ouvriers anciens
et habiles étaient trop pauvres pour pouvoir
aspirer à la maîtrise. Avec l'assentiment des
quarante-cinq maîtres établis, le prévôt autorisa donc trente-trois ouvriers à passer maîtres
« sanz rien payer. » Le nombre des maîtres
fut ainsi porté à soixante-dix-huit. C'était trop
sans doute, eu égard à la consommation,
puisque la *Taille de* 1292 ne mentionne plus
que 61 maîtres, et celle *de* 1300 que 48. Les
fripiers, paraît-il, leur causaient grand dom-
mage. Ils achetaient de vieilles chausses, les
mettaient sous presse, les pliaient avec soin,
et les vendaient comme marchandises neuves.

---

[1] *Livre des métiers,* titre LV. — Les fils de maîtres
n'avaient rien à verser pour s'établir, les autres ouvriers devaient payer vingt sous, dont quinze allaient au roi et cinq
à la confrérie du métier. — Les maîtres pouvaient avoir autant
d'apprentis qu'ils voulaient ; mais chacun de ceux-ci, en
entrant à l'atelier, était tenu de payer huit sous au roi et quatre sous à la confrérie. — Le travail à la lumière était autorisé.
—Chaque dimanche, trois boutiques, à tour de rôle, restaient
ouvertes. — Le métier était régi par trois jurés, « les quex li
prévost de Paris met et oste toutes foiz qu'il li plaist. »

Les chaussetiers obtinrent un arrêt (1298) qui reconnut à eux seuls le droit de vendre des chausses mises en presse et pliées; les vieilles chausses achetées par les fripiers devaient être simplement pendues à une perche au dehors ou étendues sur une corde dans leur boutique[1].

C'est seulement au seizième siècle que l'on eut, de nouveau, l'idée de tisser des bas à l'aiguille. En 1540, François Ier portait encore des chausses de laine rase, couvertes, comme tout son costume, de déchiquetures ou crevés à travers lesquels on apercevait l'étoffe de la doublure. Dès l'avènement de son successeur, on commence à porter des bas de soie tricotés. C'est donc entre ces deux dates qu'il faut placer la réapparition des bas de tricot. On lit partout que Henri II est le premier qui en fit usage[2]; mais un contemporain, en si-

---

[1] G. Depping, *Ordonnances relatives aux métiers,* p. 412.

[2] Cette assertion semble dater de 1626. Je trouve, en effet, cette phrase dans l'*Advis à l'assemblée de Messieurs les Notables* (1626, in-8°, p. 16) : « Le Roy Henry II fut le premier qui porta un bas de soye, aux nopces de sa sœur ; maintenant il n'y a pas de petit vallet qui ne se sentist deshonoré d'en porter un de sarge. »

Gabriel Naudé écrivait aussi dans le *Mascurat,* publié en 1650 : « Henry second commença, le premier de son royaume, à porter le bas de soye. » (Page 395).

M. Quicherat, sur le témoignage de Mézeray, dit encore

tuation d'être bien informé, affirme le contraire. Après avoir loué l'empereur Aurélien qui, dit-il, se refusa à revêtir une robe toute de soie, « parce que la soie se vendoit au poids de l'or, » il ajoute : « Semblable modestie se remarque au roi Henri second, n'aiant jamais voulu porter bas de soie, encores que de son temps l'usage en fut jà receu en France[1]. »

Que le roi ait ou non donné l'exemple, toute personne un peu aisée portait, avant la fin du seizième siècle, des bas tricotés. En leur qualité de *travail à l'aiguille,* tout semblable à celui qui produisait des gants et des bonnets, le privilège de leur fabrication appartint aux bonnetiers.

Il ne restait donc plus aux chaussetiers qu'à disparaître, et c'est ce qu'ils firent[2]. Leur

que Henri II portait des bas de soie « à la fête qui se termina si tristement par sa mort. » (*Histoire du costume,* p. 384).

Il paraît qu'au seizième siècle les bas de soie se mettaient par-dessus des bas de toile. On lit dans la *Description de l'isle des hermaphrodites :* « Mais je vis aussi tost un des siens qui luy chaussoit des chausses bandées et boursouflées (haut-de-chausses), ausquelles tenoit un long bas de soye... On luy chaussa d'autres chausses de toile fort déliée, puis on luy meit celles de soie. » (Édit. de 1724, p. 12.)

[1] Olivier de Serres, né en 1539, *Théâtre d'agriculture,* édit. de 1660, p. 456.

[2] Leurs statuts avaient été confirmés en avril 1346

corporation s'éteignit, et ses dépouilles furent partagées entre trois autres communautés : les drapiers obtinrent le droit de faire et vendre les chausses en drap, serge, droguet et autres tissus de laine, ainsi que celles de toile teinte ; le commerce des chausses de toile non teinte fut attribué aux lingères ; et les tailleurs purent faire des chausses de la même étoffe que les habits qui leur étaient commandés [1]. Drapiers et tailleurs ajoutèrent dès lors le titre de chaussetiers à l'ancien nom de leur corporation [2].

On ne sait trop quelle est l'étymologie du mot *tricot*. Les uns veulent que l'on ait d'abord appelé *triques* ou *tricots* les grandes aiguilles, les bâtonnets, les brochettes [3] servant à obtenir les mailles [4]. Suivant d'autres, ce nom aurait été emprunté à Tricot, petit bourg [5] situé près

(*ordonn. royales*, t. XII, p. 86) et en avril 1474. A cette dernière date, le nombre des jurés fut porté à quatre (Biblioth. nationale, manuscrits Delamarre, arts et métiers, t. II, p. 155.)

[1] Biblioth. nationale, manuscrits Delamarre, t. IV, p. 136.

[2] Les drapiers devinrent *drapiers-chaussetiers*, les tailleurs *tailleurs d'habits-chaussetiers*.

[3] Les « brochettes à tricquoter pour bas d'estame » étaient fabriquées par les épingliers. Voy. l'art. 1 de leurs statuts de juillet 1601.

[4] Voy. le *Dictionnaire* de Littré au mot *tricot*.

[5] Auj. dans le département de l'Oise, 950 habitants.

de Montdidier, et où se fabriquaient depuis
longtemps des étoffes grossières en fil croisé,
qui avaient beaucoup de ressemblance avec le
tricot.

Avant d'abandonner le seizième siècle, je
signalerai un rapprochement assez curieux,
que le hasard vient de me révéler. Comme on
sait, les bonnetiers d'aujourd'hui obtiennent
la mesure du pied d'un client en prenant
celle de sa main fermée; ceux du seizième
siècle employaient un procédé à peu près semblable, car voici ce que je trouve dans un très
rare volume publié en 1530 :

Si tu veulx sçavoir de quelle grandeur est le
pied d'ung homme ou d'une femme, sans le mesu-
rer, fais ce qui s'ensuyt :

Prens ung fillet en double, et le metz ou attache
au sommet du grand doigt de la main droite ainsy
en double, et le faiz passer le long de la paulme de
la main jusques à la joincture de la dicte main. Et
tu trouveras que le pied de la personne sera aussi
grand que la mesure que tu auras prise. L'expérience en est facile [1].

Ainsi que je l'ai dit, la légèreté et la sou-
plesse des bas tricotés les firent presque aussitôt
adopter partout. Dans la classe riche, on les

---

[1] *Traicté nouveau intitulé bastiment de receptes* Paris,
1539, in-32, p. 4.

portait en soie, dans les autres en *estame* [1], nom donné à un fil de laine très retors. Mais il n'y a pas en ce monde de bonheur parfait. Les bonnetiers rencontrèrent une concurrence redoutable dans une modeste corporation, celle des *bonnetiers-apprêteurs-foulonniers-appareilleurs,* qui s'était constituée au faubourg Saint-Marcel, et avait reçu, le 16 août 1527 [2], du bailli de ce faubourg des statuts que je n'ai pu retrouver. D'abord installés dans la rue de Lourcine, ils ne tardèrent pas à s'étendre jusqu'aux environs de Sainte-Geneviève. C'était un petit monde d'ouvriers très habiles et toujours en guerre avec les écoliers [3]. On les appelait aussi *bonnetiers au tricot, ouvriers en bas, badestamiers, faiseurs de bas d'estame,* etc., et tous leurs produits, bonnets ou bas, étaient fort estimés. La réputation de ces derniers, dits *bas du faubourg Saint-Marceau,* se maintint même pendant près de deux siècles.

En manière de consolation sans doute, et pour affirmer leur privilège dans l'intérieur

---

[1] Du latin *stamen.* En bas-latin, *stamum* et *stannum* étaient pris dans un sens à peu près analogue. Voy. le *Glossaire* de Ducange.

[2] Savary, *Dictionnaire du commerce,* art. *bonnetiers.*

[3] Voy. Étienne Pasquier, *Recherches sur la France,* t. I, p. 397.

de la ville, les anciens bonnetiers firent reviser leurs statuts au cours de l'année 1608[1]. Aux termes de cette nouvelle rédaction :

Chaque maître ne pouvait avoir à la fois plus de deux apprentis[2].

La durée de l'apprentissage était fixée à cinq ans[3], suivis de cinq ans de compagnonnage[4].

Tout aspirant à la maîtrise devait parfaire le *Chef-d'œuvre* en présence des jurés et chez l'un d'eux. Il apportait deux livres de laine, avec lesquelles il était tenu de « faire, fouler et appareiller bien et deuëment un bonnet anciennement appellé aulmuce, ou deux bonnets à usage d'homme, appellez anciennement crémiolles. Fera en outre un bonnet carré de bon drap fin, le taillera et encofinera et pressera. Fera aussi une tocque de veloux plissé, et brochera[5] un bas d'estame et de soie[6]. »

Les fils de maîtres étaient astreints seule-

---

[1] *Ce sont les articles des statuts et ordonnances que les maistres et gardes de l'estat de la marchandise de Bonnetier-Aulmulcier et Mitonnier en la ville de Paris,* etc. Paris, 1627, in-4°.

[2] Article 5.

[3] Articles 3 et 13.

[4] Article 17.

[5] Tricotera.

[6] Article 14.

ment à l'épreuve nommée *Expérience :* « Ils seront reçus maistres dudit estat sans faire aucun
chef-d'œuvre, et pourveu qu'ils soient trouvez
suffisans par lesdits gardes [1], qui à cette fin
leur feront faire *Expérience* légère [2]. »

Nul ne pouvait être reçu maitre avant l'âge
de vingt-cinq ans [3]. Il fallait aussi n'avoir été
« repris, noté ou convaincu par justice [4]. »

Le colportage dans les rues était interdit [5].

Les bonnetiers avaient le droit de confectionner des bonnets de laine et de drap, des
chemisettes, mitaines, calottes, bas, chaus-
sons, « et toutes autres marchandises de
soye, estame, laine, fil et cotton brochées sur
grosses et menues aiguilles [6]. » Cependant la
plus grande partie des bas communs qu'ils
vendaient étaient fabriqués à « Dourdan et lieux
circonvoisins de la Beauce [7]. »

Quatre jurés administraient la corporation,
dont les maîtres étaient officiellement qualifiés de *bonnetiers-aumuciers-mitonniers.* Ce der-

---

[1] Ou jurés.
[2] Article 15.
[3] Article 17.
[4] Article 16.
[5] Article 32.
[6] Article 40.
[7] Article 30.

nier titre signifie *faiseurs de mitons* ou *mitaines*.

La crémiolle dont il vient d'être parlé a été appelée aussi *carmignolle, crémyolle, cramignolle, craymiolle,* etc. C'était une sorte de toque, qui fit son apparition vers le début du règne de Louis XI, et qui, sans cesse modifiée dans sa forme, fut portée jusque sous Louis XIII.

Le bonnet de coton classique, avec sa pointe et sa mèche, était depuis longtemps revenu en faveur. Celui du quinzième siècle ressemblait tout à fait au nôtre[1]. Je crois que l'on ne s'en servait guère que la nuit, et il faut arriver au dix-huitième siècle pour assister à son véritable triomphe. Il est alors accepté, même de jour, dans l'intérieur des appartements. Une foule de portraits faits à cette époque représentent d'augustes personnages coiffés du bonnet de coton. Pendant que la perruque reposait sur son pied dans un coin d'honneur, le bonnet la remplaçait modestement ; toutefois, les élégants le recouvraient d'une sorte de coiffe en toile fine serrée par un large ruban de couleur.

Les derniers statuts que j'ai analysés furent

---

[1]. Voy. une gravure publiée par V. Gay, *Glossaire archéologique*, p. 175.

confirmés au mois de mai 1638[1]. Le nombre des jurés ou gardes fut alors porté à six. Trois d'entre eux étaient dits *Anciens gardes*, les trois autres *Nouveaux gardes;* le plus ancien de tous portait le nom de *Grand garde.*

III

Invention du métier à bas. — Est-elle due à un Français ou à un Anglais ? — Le secret, perdu en France, y est rapporté par Jean Hindret. — La fabrique du château de Madrid. — Accord entre les bonnetiers et les faiseurs de bas au métier. — Ces derniers sont constitués en corporation. — Analyse de leurs premiers statuts. — Le roi offre deux cents livres aux ouvriers qui s'établiront. — L'apprentissage. — Les fils de maîtres. Le *Chef-d'œuvre* et l'*Expérience.* — Les jurés. — Patron et armoiries de la communauté. — La fabrique de Corrozet. — Les bas de laine et les bas de soie. — Le bas à bottes. — Les bas de couleur. — Les bas brodés d'or. — Les bas de Marie Stuart. — Les bas doivent-il être portés tendus ou plissés ? — Importation des bas anglais. Protection accordée aux producteurs français. — Chemises et bas superposés. Montaigne et Malherbe. — Les bas de coton ou de Barbarie. — Les bas chinés.

Je ne puis me dispenser de commencer ce chapitre par un récit très touchant, auquel on ne saurait reprocher qu'un seul défaut, mais grave, celui d'avoir été imaginé de toutes pièces.

[1] *Arrest du Conseil d'État du Roi, portant confirmation des statuts des bonnetiers.* Pièce in-4°.

Donc, au commencement du dix-septième siècle, le bruit se répandit à Paris qu'un pauvre compagnon serrurier des environs de Caen venait d'inventer une machine qui formait à la fois des centaines de mailles. C'était le *métier à bas*, « la plus excellente machine que Dieu ait faite, » écrit Perrault[1]. Grand émoi parmi les bonnetiers. La vente des bas constituait le plus clair de leurs bénéfices; si le nouveau métier déterminait une révolution semblable à celle qui avait suivi l'apparition des bas de tricot, la communauté se voyait d'avance ruinée, car il était bien probable que le monopole de la découverte serait attribué à l'inventeur.

De fait, celui-ci, dit la légende, fut mis en relation avec Colbert; il lui offrit des bas de soie obtenus par le nouveau procédé, et le ministre promit de les présenter à Louis XIV. Les bonnetiers prévenus ne reculèrent pas devant une infamie pour sauvegarder les intérêts de leur corporation; ils gagnèrent un valet du château, qui s'empara des bas et y coupa avec précaution quelques mailles. Elles cédèrent quand le roi, sur les instances de Colbert,

---

[1] Voy. l'*Encyclopédie méthodique*, arts et métiers, t. I, p. 186.

voulut essayer les nouveaux bas tissés au métier. L'inventeur honteusement éconduit tomba dans la misère, vendit sa machine à un Anglais pour un morceau de pain, et alla mourir à l'Hôtel-Dieu.

N'y a-t-il pas dans cette navrante histoire tous les éléments d'un drame qui, charpenté par une main habile, ferait couler bien des larmes? Mais est-elle vraie?

Elle paraît avoir été mise au jour pour la première fois par Savary, dans son *Dictionnaire du commerce* [1]. Elle se vit ensuite confirmée par une communication très précise [2],

---

[1] Édition de 1723, au mot *bas.*

[2]   Monsieur,

Comme vous m'avez demandé que je vous misse par écrit ce que je sçais touchant l'invention des bas à métier, voici ce dont je me ressouviens.

M. François, qui a gagné sa maîtrise d'apothicaire à l'Hôtel-Dieu de Paris, au commencement de ce siècle, m'a dit avoir connu l'inventeur du métier à faire des bas. C'étoit un compagnon serrurier de la basse Normandie, qui remit à M. Colbert une paire de bas de soie pour la présenter au roi Louis XIV. Les marchands bonnetiers, alarmés de cette découverte, gagnèrent un valet de chambre, qui donna plusieurs coups de ciseaux dans les mailles, de sorte que le roi chaussant ces bas, les mailles coupées firent autant de trous, ce qui fit rejeter l'invention. Cet homme donna son métier aux Anglois, qui en ont fait usage et s'en disent les inventeurs. Ce ne fut que par quantité de stratagèmes et en exposant la vie de plusieurs habiles gens, qu'on put, depuis,

insérée dans le *Journal œconomique,* et que
M. Quicherat [1] a eu le tort d'accepter comme
véridique, car l'examen des dates en démontre
l'absolue invraisemblance.

On ne nous dit point vers quelle année le
serrurier normand aurait livré son secret à
l'Angleterre; mais ce qui ne fait aucun doute,
c'est que cette invention fut, par la suite, im-
portée d'Angleterre en France pendant l'année 1656 [2]. La vente consentie par l'inventeur
serait donc forcément antérieure à cette date.
Or, en 1656, Colbert n'était encore que l'in-
tendant de Mazarin; c'est peu de jours avant
sa mort, arrivée en 1661, que Mazarin le re-
commanda à Louis XIV. Colbert n'eut donc
pu, plusieurs années auparavant, jouer dans
cette histoire le rôle qu'on lui attribue.

Les Anglais, de leur côté, regardent comme

---

avoir la dimension des pièces qui composoient ce métier,
pour profiter en France du gain que cette invention rap-
portoit aux Anglois. L'inventeur est mort à l'Hôtel-Dieu
dans un âge avancé.

Ceci étant arrivé au commencement de ce siècle, il est à
croire que plusieurs personnes et même des sçavans l'auront sçu. L'on pourroit donc avoir sur ce fait de plus
grands éclaircissemens.

(*Journal œconomique,* numéro de décembre 1767, p. 557.)

[1] *Histoire du costume,* p. 529.

[2] Voy. ci-dessous.

l'inventeur de l'admirable machine un pasteur de Woodborough [1], nommé William Lee. On prétend que c'est en voyant sa fiancée sans cesse absorbée par le travail du tricot, qu'il voulut substituer à l'action des doigts un procédé mécanique donnant des résultats plus parfaits et plus rapides. Son premier métier fut construit en 1589 et fonctionna à Calverton près de Nottingham. Un tableau classique bien connu représente Lee en méditation près de sa fiancée confectionnant un bas de tricot. En outre, la corporation des bonnetiers de Londres a conservé pour armoiries un métier à bas, supporté d'un côté par un ecclésiastique et de l'autre par une femme qui tient à la main une aiguille à tricoter.

William Lee, rebuté par les déboires que lui suscitèrent les bonnetiers anglais, accepta les offres de Sully, et vint s'établir en France. Il y eut des alternatives de succès et de revers ; puis, privé de la protection royale après la mort de Henri IV, il négligea son œuvre et mourut dans la misère. Son frère regagna alors l'Angleterre avec les ouvriers qu'il avait formés.

---

[1] Bourg situé à 9 kilomètres de Nottingham.

17.

Cette fois, on ne se méprit pas un instant sur l'importance de la découverte. Les premiers fabricants qui l'exploitèrent gagnèrent des millions, et le gouvernement la prit sous sa protection avec un soin si jaloux qu'il fut défendu, sous peine de mort, d'exporter des métiers à bas ou même d'en montrer à un étranger [1]. Il fallut presque un miracle pour les faire connaître en France. Un Nimois, nommé Jean Hindret, passa en Angleterre, réussit à examiner quelques métiers, en saisit le mécanisme compliqué, et en grava tous les détails dans sa prodigieuse mémoire avec une telle fidélité que, de retour sur le continent, il put faire reconstruire, pièce à pièce, la machine qu'il avait vue. Celle-ci fut mystérieusement renfermée au bois de Boulogne, dans le château de Madrid, où Jean Hindret réunit et forma un petit nombre d'ouvriers. On était alors en 1656 [2]. Les métiers fonctionnèrent bientôt avec un plein succès, et peu d'années après, le roi autorisa la création d'une société commerciale qui devait administrer la manufacture à ses risques et périls et espérait lui donner une grande extension.

[1] Jaubert, *Dictionnaire des arts et métiers*, t. I, p. 213.
[2] Voy. le préambule des lettres patentes de février 1672.

Les bonnetiers comprirent que ce qu'ils
avaient de mieux à faire était de s'entendre
avec la société. Celle-ci avait établi à Paris un
magasin de détail pour la vente des bas fabriqués par elle, et dont chaque paire portait
« la marque imprimée du chasteau de Madrid ; » mais les associés sentaient bien que
le débit en serait beaucoup plus considérable
si les bonnetiers, intéressés à déprécier leurs
produits, se chargaient au contraire de les écouler moyennant un bénéfice raisonnable. Une
convention, rédigée sur ces bases, fut signée
le 10 mai 1670 entre les jurés de la bonneterie
et les coïntéressés de la société, représentés
par deux personnages porteurs de noms célèbres au théâtre, « Pierre de Rotrou, conseiller
du Roy, receveur général du taillon à Bourges,
demeurant à Paris ruë Sainte-Avoye, et Phi-
lippes Pocquelin, bourgeois de Paris, y demeurant ruë Quimquempoix [1]. » Les associés,

---

[1] « Disans lesdites parties : Sçavoir, les dits maistres et
gardes, que le magazin estably par lesdits sieurs intéressez
pour la vente en destail des bas de soye fabriquez audit
Madrid estoit préjudiciable au négoce desdits marchands
bonnetiers, tant en général qu'en particulier, et qu'il estoit
à propos, pour le bien de leur commerce, de suprimer la
vente en destail dudit magazin, bien loin d'en establir
d'autres, ainsi que lesdits sieurs intéressez prétendoient
faire, mesmes d'oster la marque imprimée du chasteau de

d'ailleurs, étaient mécontents, ils avaient de
la peine à trouver des ouvriers, ceux-ci n'ayant
aucun avenir dans la maison, puisque le privilège dont elle jouissait leur enlevait tout espoir
de pouvoir jamais s'établir. Le roi se décida
donc (février 1672) à désintéresser la compagnie par le don d'une somme de vingt mille
francs, et à constituer la manufacture en corporation. Il lui acccordait en même temps des
statuts très complets et très sages [1].

A trois ans de là, on devait choisir parmi
les ouvriers cent des plus capables et leur donner des lettres de maîtrise. Mais la cherté des
métiers eût été pour presque tous un obstacle
insurmontable, aussi Louis XIV, ou plutôt

Madrid attachée à chacune paire de bas de ladite manufacture, et de suprimer aussi dudit magazin l'enseigne du
chasteau de Madrid et toutes autres marques d'estalage. Et
par lesdits sieurs intéressez qu'ils estoient prests d'oster le
dit magazin en destail et de n'en point establir d'autres,
pourveu que lesdits marchands bonnetiers voulussent dès à
présent se charger du débit de toutes les marchandises pro-
venans desdites manufactures. A quoy ils se sont accordez,
après plusieurs conférences faites entre lesdites parties... »
*Traitté fait entre les Intéressez en la manufacture des bas
de soye establie à Madrid, et les Maistres et Gardes de la
Bonneterie.* Biblioth. nationale, mss. Delamarre, *Manufactures*, t. III, f° 131.

[1] *Lettres patentes du Roy portant création et érection en
maîtrise et manufacture des bas de soye et autres ouvrages
au métier.* Paris, in-4°.

Colbert, offrait-il une gratification de deux cents livres aux deux cents premiers ouvriers qui s'établiraient [1].

Chacun des nouveaux maîtres avait le droit d'engager à la fois deux apprentis. L'apprentissage durait deux ans [2], et était suivi de deux ans de compagnonnage [3].

Ces délais expirés, le compagnon pouvait aspirer à la maîtrise, pourvu qu'il fût en état de réussir le *Chef-d'œuvre,* qui consistait à « faire un bas de soye façonné aux coins et par derrière, avec une autre pièce, telle qu'elle lui sera ordonnée par les jurez [4]. »

Le fils de maître était astreint seulement à l'*Expérience* [5], pour laquelle on lui demandait de « monter un métier avec toutes ses pièces, sur lequel il fera un bas de soye tourné aux coins [6]. »

Les maîtres reçus à Paris avaient la liberté d'exercer dans tout le royaume [7].

Quatre jurés administraient la commu-

---

[1] Préambule et article 6.
[2] Article 8.
[3] Article 15.
[4] Article 18.
[5] Article 19.
[6] Article 17.
[7] Article 20.

nauté [1], qui avait saint Louis pour patron [2], et portait pour armoiries : *D'or, à une chausse de gueules posée en pal, accostée de deux pelotons de laine de même* [3].   .

Cependant, en dépit de ces beaux statuts, les vingt mille livres accordées aux associés se faisaient attendre. Le roi ne soldait pas non plus les deux cents livres promises aux premiers ouvriers qui s'établiraient. Or, la compagnie avait livré à cent dix-sept d'entre eux cent vingt-neuf métiers au prix de quatre cents livres, dont ils avaient versé seulement la moitié, puisque pour le reste ils présentaient une créance sur le roi. De là des réclamations réitérées [4], et qui paraissent avoir fini

---

[1] Article 21.

[2] Articles 1 et 21.

[3] Bibliothèque nationale, manuscrits, *Armorial général*, t. XXV, p. 446.

[4] « Les intéressez en la compagnie espéroient que Sa Majesté leur donneroit, comme il avoit été projetté, une somme de vingt mille livres pour dédommagement. Et pour donner moyen aux ouvriers de s'établir, Sa Majesté eut la bonté de promettre à chacun des deux cens premiers maîtres une somme de deux cens livres pour partie du payement du prix de chaque mestier qui leur seroit livré par la compagnie, dont Sa Majesté régla le prix à la somme de quatre cens livres. En exécution et en conformité de cette dernière condition, furent expédiées les lettres patentes du mois de février 1672 ; et les mestiers ont esté livrés à chaque particulier jusqu'à la quantité de cent vingt neuf, à

par amener le payement des sommes dues aux ouvriers [1]. Quant aux actionnaires, je doute fort qu'ils aient jamais été désintéressés.

La plus importante fabrique de bas au métier qui existât alors était celle du sieur Corrozet, neveu d'Hindret, qui après avoir pendant vingt-cinq ans aidé son oncle à former des ouvriers, alla s'établir avec vingt métiers au faubourg Saint-Antoine [2].

raison de quatre cens livres chacun. Pour partie du payement desquels, chaque maître a transporté ausdits intéressez, avec clause expresse de garantie, celle de deux cens livres accordée par Sa Majesté par sesdites lettres. Mais les intéressez n'ayant pû être payés des sommes à eux cédées, faute de payement ils ont poursuivy tous les particuliers, et fait saisir les mestiers... » *Mémoires concernans les prétentions des intéressés en la manufacture des bas de soye cy devant establie au chasteau de Madrid.* Bibliothèque nationale, manuscrits Delamarre, *Manufactures*, t. III, f° 126.

[1] « Le Roy estant en son Conseil a ordonné et ordonne que les interessez en la manufacture des bas et ouvrages de soye au mestier cy devant establie à Madrid, seront payés et remboursés sur les fonds qui seront pour ce destinez par Sa Majesté de la somme de vingt-cinq mille huit cens livres à eux deües pour reste du prix de la vente de cent vingt-neuf mestiers livrés aux particuliers maistres dénommez au procès-verbal du sieur de la Reynie... En conséquence Sa Majesté a deschargé et descharge les particuliers dénommez esdit contracts, leurs veuves et héritiers, du payement des sommes deües de reste du prix de chacun desdits mestiers portés par lesdits cent dix-sept contrats. » *Ibid.*, f° 129.

[2] Voy. *Arrest du conseil d'Estat portant permission au sieur Corrozet,* etc. Paris, 1683, in-4°.

Un arrêt du Conseil, rendu le 12 janvier 1684, autorisa les faiseurs de bas au métier « à travailler à toutes sortes d'ouvrages de soye, de fil, laine et coton, à la charge néanmoins de travailler en ouvrages de soye sur la moitié au moins des mestiers que chacun desdits maîtres auroit chez lui [1]. » L'étranger nous fournissait cependant plus de bas de laine que de bas de soie. En 1662, on en importa encore pour 816, 855 livres [2].

Mais, depuis près d'un siècle, tout homme un peu élégant ne pouvait porter que des bas de soie [3]. La couleur seule variait. On eut, un moment, la passion du vert sous Henri III. On préféra le rouge sous son successeur. Durant la domination de Richelieu, le rouge, le vert, le noir et le bleu régnèrent simultanément. Sous Louis XIII, on voit cité souvent le *bas à botte ;* celui-là se chaussait sur les bas ordinaires, et était terminé par un fouillis de dentelles qui garnissait le haut des bottes. On le nommait aussi *bas à étrier*, parce

---

[1] Biblioth. nationale, mss. français **21, 787**, f° **140**.

[2] *Correspondance de Colbert*, t. II, p. CCLXIX.

[3] Voy. Laffemas, *Règlement général pour les manufactures.* Dans Leber, *Pièces relatives à l'histoire de France*, t. XIX, p. 535.

qu'il était retenu seulement par une languette d'étoffe passée sous le pied.

A cette époque, un courtaud de boutique eût seul été capable de se présenter au bal avec des bas d'estame :

> Ou bien qui oseroit avec un bas d'estame
> En quelque bal public caresser une dame?
> Car il faut maintenant, qui veut se faire voir,
> Aux jambes aussi bien qu'ailleurs la soye avoir,
> Et de large taftas la jartière parée
> Aux bouts de demy-pied de dentelle dorée[1].

Mais tant de luxe n'était point fait pour les lourdauds de la province, où l'on n'avait pas encore renoncé aux chausses de drap [2].

Sous Louis XIV, on s'engoua des bas couverts de dessins en couleurs : « Il faut, disait le *Mercure galant,* que les dames qui porteront de ces bas de soye figurez soient résoluës à faire voir leurs jambes, car sans cela il leur seroit inutile de porter de pareils bas [3]. » Mais il en avait été ainsi à peu près de tout temps. J'ai dit ailleurs [4] que, durant le quinzième et

---

[1] *Le satyrique de la cour* (1624). Dans Éd. Fournier, *Variétés,* t. III, p. 249.

[2] Voy. *Le roman comique* de Scarron, édit. elzévir., t. II, p. 72.

[3] Année 1673, t. III, p. 286.

[4] Voy. *Les magasins de nouveautés,* t. II, p. 231 et suiv.

le seizième siècle, les femmes ne cachaient
nullement leurs jambes. La mode était de les
montrer, comme le font aujourd'hui, sans que
personne s'en scandalise, les petites dames qui
s'exhibent en public juchées sur une bicyclette.
On ne songeait pas davantage à dissimuler les
jambes au début du dix-huitième siècle,
époque où les bas étaient brodés d'or et de
soie [1] depuis la cheville jusqu'au milieu du
mollet.

La façon de porter les bas soulevait de
graves controverses. Les uns voulaient qu'ils
fussent, comme de nos jours, « tirés tout
droit, » ainsi que l'on s'efforçait de disposer
les anciennes chausses [2] ; les autres tenaient
qu'ils faisaient bien meilleur effet, lorsqu'ils
« étoient plicés sur le gras de la jambe, » procédé préféré par Montaigne [3]. Les partisans

---

[1] Cette mode avait eu cours en Angleterre dès la fin du
seizième siècle. Dans le récit officiel de l'exécution de
Marie Stuart, on lit que « l'exécuteur lui tira les bas de
chausses, qui estoient de soye de couleur et ouvragés de
fils d'or. » Ce récit a été publié dans Teulet, *Relations politiques de la France avec l'Europe*, t. IV, p. 161.

[2]   La chausse tient la jambe nettement,
    Garde le froit et couvre la chair tendre.
    Chausses se tirent pour estre gentement.

(Olivier de la Marche, *Le parement des dames*, édit de
1510, sans pagination, chap. III.)

[3] *Essais*, liv. I, chap. xxv.

du premier système l'emportèrent, mais ce ne fut pas sans lutte [1].

Les bas fabriqués de l'autre côté de la Manche étaient toujours les plus estimés.. C'est au moins ce qui ressort de cette phrase extraite des *Loix de la galanterie*, pièce curieuse publiée en 1644 [2] : « Ceux qui seront en bas de soye n'auront point d'autres bas que d'Angleterre, et leurs jarretières et nœuds de souliers seront tels que la Mode en aura ordonné. » Le gouvernement protégeait de son mieux les produits français ; il frappait de droits énormes les importations, et pour restreindre autant que possible la fraude, les bas étrangers n'étaient admis en France que par les ports de Calais et de Saint-Valery [3]. Après

---

[1] Sur cette grave question, voy. Furetière, *Le roman bourgeois*, édit. elzév., p. 73.

[2] Dans le *Nouveau recueil des pièces les plus agréables de ce temps*, p. 24.

[3] Voy. *Arrest du Conseil d'Estat du Roy, qui fixe l'entrée dans le royaume des bas et autres ouvrages de bonneteries étrangères par les ports de Calais et de Saint-Vallery*. Paris, in-4°. Un arrêt du 20 avril 1700 ordonna que les bas d'origine étrangère existant chez les bonnetiers du royaume seraient « marqués d'un plomb aux armes de Sa Majesté. » Il paraît que cette mesure fut appliquée à tous les ouvrages de bonneterie fabriqués hors de France. J'ai, en effet, trouvé dans les manuscrits du commissaire Delamarre (Bibliothèque nationale, manuscrits français, n°s 21, 787, f°s 101 et suiv.)

tout, peut-être les élégants tenaient-ils aux
bas anglais seulement parce qu'ils se vendaient cher. Ils n'en étaient pas plus chauds
pour cela et, pendant l'hiver, les raffinés et
les frileux en mettaient plusieurs paires les
unes sur les autres. Les appartements étaient
si vastes, les procédés de chauffage si impar-
faits que l'on devait se couvrir beaucoup plus
qu'aujourd'hui. Montaigne a soin de nous informer qu'il ne chaussait en toute saison

l'original de l'*Estat contenant le nombre des bas et autres
marchandises estrangères, prohibées par l'arrest du Conseil du* 20 *avril* 1700, *qui ont esté trouvées chez les marchands bonnetiers du quartier de la Cité.*

J'y vois qu'un sieur Perdrigeon, parent sans doute du
célèbre mercier de ce nom, possédait alors en magasin les
marchandises suivantes d'origine étrangère :

Bas de soie noirs et couleur tant pour homme que pour femme.	36	douzaines.	
Bas de laine écarlate de Londres et Grenezay (Guernesey), tant pour homme que pour femme.	120	id.	
Bas de fil.................	1	id.	6 paires.
Gans de coton............	1	id.	6 paires.
Gans de fil................			4 paires.
Manches de coton..........	5	id.	
Chossons (chaussons) de coton.	25	id.	
Calottes de coton...........	6	id.	
Bas de coton...............	15	id.	
Calçons (caleçons) de coton....	4	id.	
Camisolles de coton.........	2	id.	6 paires.

Perdrigeon reçut **2692** plombs pour marquer toutes ces
marchandises.

qu' « un bas de soye tout simple [1]. » Mais on ne
l'imitait guère. Malherbe, par exemple, portait jusqu'à quatorze chemises et douze paires
de bas superposées. « Pour n'en mettre pas
plus à une jambe qu'à l'autre, raconte Tallemant des Réaux, à mesure qu'il passoit un
bas, il mettoit un jeton dans une escarcelle[2]. »
L'habitude était si générale, qu'un jour le
marquis de Pisani ayant dit à l'un de ses
amis : « Tenez, je n'ai qu'une chemise. —
Hé ! comment pouvez-vous faire ? répondit
l'autre. — Comment je fais ? reprit-il, je
tremble toujours de froid [3]. » L'usage des bas
de coton, dits d'abord *bas de Barbarie*, des
bas blancs et des bas chinés ne se généralisa
guère avant le dix-huitième siècle. Le *Mercure de France*, alors moniteur de la mode,
disait en 1730 [4] : « Les dames portent beaucoup de bas de fil de coton, dont les coins
sont brodez en laine de couleur. Les bas de
soye sont brodez en or ou en argent. Les bas
blancs ont mis les souliers blancs à la mode. »
Au moment de la Révolution, l'on avait repris
les bas noirs.

[1] *Essais*, liv. III, chap. XIII.
[2] *Historiettes*, t. I, p. 291.
[3] *Ibid.*, t. II, p. 498.
[4] Page 2,315.

IV

Le bonnet rond et le bonnet carré. — Le bonnetier
Patrouillet. — Suppression de la communauté des bonnetiers du faubourg Saint-Marcel. — Les faiseurs de bas au
métier reçoivent de nouveaux statuts. — L'apprentissage.
La maitrise. Les fils de maitre. Les jurés. — Leur communauté est réunie à celle des bonnetiers. — Nombre des
bonnetiers à la fin du dix-huitième siècle. — L'édit de
1776. — Patron des bonnetiers. — Bureau et armoiries de
la corporation.

Revenons à la petite communauté des bonnetiers du faubourg Saint-Marcel. Elle continuait à fabriquer d'excellents bas d'estame,
et avait peu souffert de la concurrence du
château de Madrid. Elle excellait dans la confection des bas drapés [1], et c'est à elle que l'on
attribue l'honneur d'avoir créé une mode qui
dure encore, celle des bonnets carrés.

A la fin du seizième siècle, les gens
d'Église et même les gens de robe portaient
encore le bonnet rond, un peu élevé de
forme et sans ornement. Un bonnetier de
Saint-Marcel, le sieur Patrouillet, eut l'idée
de le rendre carré, en donnant à chaque
angle une épaisse saillie. « C'est, écrivait plus

[1] On nommait ainsi des bas de laine auxquels on donnait l'aspect laineux du drap, en faisant ressortir le poil au
moyen du chardon.

tard le *Mercure de France*, ce qui autorisa à dire, dans ce temps-là, qu'enfin on avoit trouvé ce qu'on cherche depuis long-temps, sçavoir la quadrature du cercle[1]. » Étienne Pasquier, qui était resté fidèle à l'ancienne mode, raconte ainsi comment s'établit la nouvelle[2] : Pour remplacer le chaperon, dit-il, « on s'advisa de faire avec grandes aiguilles des bonnets ronds, et y avoit un petit monde de peuple qui en vivoit, en cette grande ruë des Cordelières[3], aux faux-bourgs Sainct-Marceau de Paris. A ces bonnets ronds, on commença d'y apporter je ne sçay quelle forme de quadrature grossière et lourde, qui fut cause que, de mes premiers ans, j'ay veu que l'on les appeloit bonnets à quatre brayettes. Le premier qui y donna la façon fut un nommé Patrouillet, lequel se fit fort riche bonnetier aux despens de cette nouveauté, et en bastit une fort belle maison en la rue de la Savaterie[4]. »

Les statuts de la communauté avaient été

---

[1] Numéro de février 1732, p. 209.

[2] *Recherches sur la France*, t. I, p. 397.

[3] La rue de Lourcines, dite parfois rue des Cordelières, à cause du couvent qui y était situé.

[4] Dans la Cité.

revisés le 17 mai 1701[1]. Elle conservait son patron saint Médard[2], et avait pour armoiries : *D'argent, à un bas de chausse d'azur, accosté de deux bonnets de laine*[3]. L'activité de Colbert, qui s'efforçait de créer d'un bout à l'autre de la France des manufactures de bas tricotés[4], porta le premier coup à la corporation. Il fut suivi de l'édit de décembre 1678, aux termes duquel toutes les communautés établies dans les faubourgs étaient supprimées. Les ouvriers en bas tentèrent vainement de résister, et un arrêt de 23 février 1716[5], confirmé par lettres patentes du 26 avril[6], réunit les ouvriers en bas à la corporation des bonnetiers parisiens.

---

[1] Bibliothèque nationale, manuscrits français n° 21,792, f° 143.

[2] Le Masson, *Calendrier des confréries*, p. 120.

[3] Bibliothèque nationale, manuscrits, *Armorial général*, t. XXV, p. 540.

[4] Voy. la *Correspondance de Colbert*, t. II, p. 527, 566, 731 et passim.

[5] *Arrest du Conseil d'Estat du Roy du 23 février 1716, portant réunion de la communauté des maîtres Bonnetiers Ouvriers, au corps des Marchands Bonnetiers de Paris.* Paris, in-4°.

[6] « La Communauté des maîtres Bonnetiers au tricot des fauxbourgs de Paris sera éteinte et supprimée, et demeurera réunie au corps des Marchands Bonnetiers de Paris. Ce faisant, voulons que lesdits maîtres Bonnetiers des fauxbourgs soient censés et réputés Marchands Bonnetiers de

Les faiseurs de bas au métier restaient indé-
pendants. Ils composaient même une communauté dite privilégiée, en ce sens que nul
ne pouvait s'établir sans l'autorisation du roi.
En revanche, chaque métier était frappé d'un
impôt qui varia entre trente et cinquante
livres ; aussi interdisait-on aux serruriers de
commencer aucun métier « sans avoir pris
une permission du lieutenant général de
police, » et d'en achever aucun « sans avoir
préalablement déclaré au bureau de la communauté le nom du maître » à qui le métier
était destiné [1]. Toutes ces prescriptions furent
renouvelées par les statuts du 18 février 1720 [2].
En outre :

La durée de l'apprentissage se vit portée à
cinq ans, et le prix du brevet fixé à trente
livres [3].

Paris, ayant faculté d'y tenir boutique, et jouissent eux,
leurs veuves et enfans, de tous les droits qui appartiennent
aux Marchands Bonnetiers de la ville. » *Lettres patentes
données à Paris le 26 Avril 1716, sur l'Arrest du Conseil
du 23 février audit an, portant réunion de la communauté
des maîtres Bonnetiers au tricot des fauxbourgs de Paris
au corps des Marchands Bonnetiers de la Ville et fauxbourgs de Paris.* Paris, in-4°.

[1] Article 11 des statuts de 1720.
[2] *Déclaration du Roy concernant les Marchands Fabriquans des ouvrages de Bas au métier.* In 4°.
[3] Article 4.

L'apprentissage dut être suivi de cinq
années de compagnonnage[1].

Tout maitre dut faire profession de la religion catholique[2].

Les frais de réception à la maîtrise furent
fixés à 550 livres[3], somme réduite de moitié
pour les ouvriers qui épousaient une fille de
maître[4].

Les fils de maître ne purent être admis à la
maîtrise avant l'âge de dix-sept ans[5].

Six *grands jurés*, nommés pour deux ans,
surveillaient la corporation, et six *petits jurés*
élus dans les mêmes conditions leur prêtaient
concours et assistance pour les visites[6]. Le
nombre de celles-ci devait être de six par
année, et chaque maître payait pour chacune
d'elles une somme de vingt sous[7].

Les bonnetiers, toujours en guerre avec les
tisseurs de bas, se montrèrent fort irrités de ces
nouveaux statuts, qui confirmaient les privilèges de leurs concurrents. Les hostilités re-

[1] Article 6.
[2] Article 7.
[3] Article 8.
[4] Article 9.
[5] *Ibid.*
[6] Article 20.
[7] Article 21.

prirent, plus acharnées que jamais, signalées par des querelles, des saisies, des procès également nuisibles aux deux communautés. Il fallait en finir. Le roi, « ayant esté informé qu'il arrivoit journellement des contestations entre le corps des marchands Bonnetiers et la communauté des maîtres Fabriquans de bas au métier de la Ville de Paris, qui en troublant les uns et les autres portoient un préjudice considérable au public ; et Sa Majesté ayant jugé que le moyen le plus propre pour y remédier estoit de ne faire à l'avenir qu'un seul et même corps de bonneterie dans toute l'étenduë de la Ville et Fauxbourgs de Paris ; » un arrêt du 12 avril 1723 [1] réunit la communauté des tisseurs de bas à la vieille corporation des bonnetiers.

C'était le dénouement de la lutte engagée un siècle auparavant. Les bonnetiers, délivrés de tous leurs rivaux, en sortaient vainqueurs, et comme les peuples heureux n'ont pas d'histoire, ils voient ici s'arrêter la leur. On ne peut, en effet, attribuer aucune importance à

---

[1] *Arrest du Conseil d'Estat du Roy, portant réünion de la communauté des maîtres fabriquans de bas et autres ouvrages au métier de la Ville de Paris au corps des marchands Bonnetiers de cette Ville, un des Six-Corps.* Paris, 1723, in-4°.

l'inutile tentative que firent, en 1731, les tisseurs de bas pour former de nouveau une communauté séparée [1].

A cette époque, la corporation des bonnetiers comptait 540 maîtres [2], chiffre qui paraît s'être peu modifié par la suite [3].

L'édit de 1776 maintint les bonnetiers dans les *Six-Corps*. Ils composèrent même le troisième, avec les pelletiers et les chapeliers.

La corporation avait pour patron l'anachorète irlandais saint Fiacre, qui passait pour être l'inventeur du tricot. Elle célébrait sa fête le 30 août, dans l'église Saint-Jacques la

---

[1] *Arrest du Conseil d'Estat du Roy, qui déboute les fabricans de bas au métier à Paris, unis au corps de la Bonneterie de cette Ville, de leur demande de désunion.* Paris, 1731, in-4°. — Ils demandaient « que sans avoir égard à l'arrest du Conseil du 12 avril 1723, qui les a unis au corps des Marchands Bonnetiers, et aux lettres patentes du 24 Mai suivant, qui seront rapportées comme obreptices et supreptrices, ils en soient désunis, pour composer à l'avenir une communauté distincte et séparée. » Le roi déclara « les fabriquans de bas et autres ouvrages de Bonneterie au métier non recevables en leur demande en désunion, dont Sa Majesté les a déboutés. En conséquence a ordonné et ordonne que l'arrêt de son Conseil d'État du 12 Avril 1723 et les lettres patentes expédiées sur icelui seront exécutées selon leur forme et teneur. »

[2] Savary, *Dictionnaire du commerce*, t. II, p. 420.

[3] Hurtaut et Magny donnent en 1779, le chiffre de 542. (*Dictionnaire historique de Paris*, t. I, p. 316.)

Boucherie, où les bonnetiers possédaient une chapelle élégamment ornée par leurs soins. « Sur la frise du lambris qui l'environne, dit Sauval [1], sont taillés [2] des bonnets de différentes manières ; dans les vitres sont peints çà et là des chardons et des ciseaux ouverts, principalement des ciseaux ouverts avec quatre chardons au-dessus, qui sont leurs premières armes. »

C'est dans la rue des Écrivains [3], touchant le cloître Saint-Jacques, qu'était situé le bureau de la corporation. Il se composait d'une petite maison qui avait été cédée par la fabrique [4], et que la communauté conserva jusqu'à la Révolution.

Nous venons de voir que les bonnetiers avaient eu pour premières armoiries des ciseaux ouverts avec un chef chargé de quatre chardons. Comme chacun des *Six-Corps,* ils en reçurent de nouvelles en 1629, et l'acte qui les leur accorde [5] les blasonne ainsi : *Cinq nefs d'argent aux bannières de France,*

---

[1] *Antiquites de Paris*, t. II, p. 478.

[2] Sculptés.

[3] Supprimée en 1854, lors du percement de la rue de Rivoli.

[4] Sauval, t. II, p. 478.

[5] Archives nationales, H 1803, f° 159.

une estoille d'or à cinq poinctes en chef, les dictes armoiries en champ violet.

J'ai cependant rencontré ces armoiries décrites de plusieurs manières : .

De pourpre, à cinq nefs d'argent aux bannières de France, une étoile d'or à cinq pointes en chef. C'est la reproduction, plus correctement exprimée, de la formule qui précède.

D'azur, à cinq navires d'argent, une étoile d'or en chef, et une toison aussi d'or en pointe.

D'azur, à la toison d'argent, surmontée de cinq navires aussi d'argent, trois en chef et deux en pointe.

Enfin, l'*Armorial général* de d'Hozier [1], auquel il faut, je crois, donner la préférence, s'exprime ainsi : *D'azur, à cinq navires d'argent posés en sautoir, et une étoile d'or au milieu du chef.* Les cinq nefs qui sont mentionnées dans toutes ces armoiries rappellent que les bonnetiers occupaient alors, parmi les *Six-Corps,* le cinquième rang.

[1] Bibliothèque nationale, manuscrits, t. XXV, p. 540.

FIN.

PARIS

TYPOGRAPHIE DE E. PLON, NOURRIT ET Cie

Rue Garancière, 8

www.ingramcontent.com/pod-product-compliance
Lightning Source LLC
Chambersburg PA
CBHW050458270326
41927CB00009B/1808